每天懂点幽默沟通学

黄骁◎编著

中国纺织出版社有限公司

内 容 提 要

幽默是用机智、诙谐的言语与人相处，用幽默的方法表达自己的想法，让彼此沟通更加顺畅，在愉快的氛围下办成事情。

本书是一部介绍幽默沟通技巧全书，集合数百个幽默案例，为读者展示各种幽默技法，让你学会创造幽默的方法，掌握施展幽默话语的诀窍。同时，本书为读者准备了各种场合的实景演练，让你在真实的社交场合中，学会如何说幽默的话、做幽默的人，巧妙应用幽默的技巧与人相处、赢得人心，从而达到事半功倍的效果。

图书在版编目（CIP）数据

每天懂点幽默沟通学 / 黄骁编著. --北京：中国纺织出版社有限公司，2020.1

ISBN 978-7-5180-6864-7

Ⅰ.①每… Ⅱ.①黄… Ⅲ.①幽默（美学）—语言艺术—通俗读物 Ⅳ.①H019-49

中国版本图书馆CIP数据核字（2019）第229769号

责任编辑：李　杨　　责任印制：储志伟

中国纺织出版社有限公司出版发行

地址：北京市朝阳区百子湾东里A407号楼　邮政编码：100124

销售电话：010-64168110　传真：010-64168231

http://www.c-textilep.com

中国纺织出版社天猫旗舰店

官方微博http://weibo.com/2119887771

北京市密东印刷有限公司印刷　各地新华书店经销

2020年1月第1版第1次印刷

开本：880×1230　1/32　印张：6.5

字数：123千字　定价：39.80元

前　言

有人会说，幽默并没有多大的用处，它既不会让自己变得美丽起来，也不会帮助自己减掉多余的肥肉，亦不会为自己的一顿美食埋单，更不会帮助自己工作。但是你的幽默可以让你感受到生活的快乐，即便在你最伤心的时候，也不妨幽默地自嘲一下，你会发现生活并不是那么不近人情，至少你还能含着眼泪微笑。如果你懂得幽默，你就会比现在更加轻松地面对现实，坦然地接受自己的身体缺陷，比如矮小的身材、臃肿的腰身、平平的五官等。在幽默的支撑下，即使你手里只剩下吃一餐的饭钱，也能安心地睡个好觉。

在日常交际中，善用幽默的语言，不仅是风趣的表现，也是一种智慧。有时候，你的一句幽默语言，可以巧妙地打破难堪的局面，而不伤彼此的和气；有时候，适当的幽默可以给身边的人带来快乐，让人觉得你是一个风趣的人；有时候，来一句幽默的自嘲，会为自己带来轻松的心情。多涉猎一些有趣的书籍，为自己增加知识，再恰当地运用语言的技巧，保持乐观的心态，那么，你的语言就充满了风趣。把幽默的语言变成你的风格，它会为你赚取不少的掌声和赞许。

我们从来不否认，幽默是最好的催化剂、润滑剂。它会让一触即发的紧张局面在瞬间变得祥和，会带着一种温柔的讽刺，却无半点伤害。可以说，幽默可以为我们带来良好的人际关系，那些交际场合中的幽默达人绝对也是社交达人。当然，幽默感并非一个人天生就具备的，它也是需要培养的。

本书就是一把有效开启幽默之门的钥匙。在书中，我们为读者展示各种幽默技法，手把手培养你成为幽默之人。同时我们为你准备了实景演练，让你在真实的社交场合中学以致用。学海无涯，开卷有益，相信你阅读完本书，会发现自己身上的幽默细胞越来越多，一不小心就成了幽默达人。那么，就此恭喜你，当然，我们的努力也没有白费！

编著者

2019年5月

目 录

第一篇　通达人生，学点幽默沟通技巧

第1章　人生需要幽默：学点幽默，人生会快乐很多 _ 002

幽默造就乐观的心态 _ 002

用幽默驱散莫名的愁云 _ 005

幽默帮你学会笑对逆境 _ 008

幽默，出乎意料 _ 011

幽默，不可低俗 _ 013

第2章　幽默沟通技巧：幽默能力，需要后天的学习 _ 017

荒谬法：故意歪曲，增添趣味 _ 017

夸张法：夸大事实，增添喜剧效果 _ 021

比喻法：善用比喻，增强趣味性 _ 025

逻辑法：错落思维，徒增乐趣 _ 027

文字法：巧玩修辞，笑料百出 _ 031

第3章　玩转幽默语言：当众说话，用幽默汇聚人气 _ 035

即兴讲话，风趣语言令人印象深刻 _ 035

主持活动，巧用幽默控场 _ 038
幽默开场白，巧妙营造氛围 _ 039
诙谐语言，助你演讲更成功 _ 042
妙用幽默结尾，锦上添花 _ 045

第二篇　初涉人际，试试幽默破冰法

第4章　消除陌生感觉：巧用幽默拉近人与人的距离 _ 050
幽默，不可小觑 _ 050
幽默是一种奇妙的沟通方式 _ 053
以幽默展现女性的风采 _ 055
幽默的人总受人欢迎 _ 058
幽默为沟通疏通管道 _ 060

第5章　赢得他人好感：幽默语言话里话外讨人欢心 _ 064
幽默使你万众瞩目 _ 064
幽默是一种宽容 _ 067
幽默的人更容易亲近 _ 069
生活中展现幽默的风采 _ 072
幽默助你在社交中如鱼得水 _ 074

第6章　缓解局促紧张：用幽默打造舒适的沟通氛围 _ 077

以幽默缓和紧张气氛 _ 077

以风趣的语言营造良好的气氛 _ 079

对不熟悉的人切勿乱开玩笑 _ 082

以幽默的语言打破僵局 _ 085

巧妙打圆场，为他人夺回面子 _ 086

第三篇　恣意交际，用幽默展示魅力

第7章　获得他人认可：言语交锋幽默展现内心智慧 _ 092

避开锋芒，谨慎应答 _ 092

谬趣横生，以谬制谬 _ 094

出其不意，一招制胜 _ 096

柔中带刚，以示气势 _ 099

第8章　令人心悦诚服：幽默话语也可以很有说服力 _ 102

打好“太极”，以弱胜强 _ 102

大道理，小幽默 _ 104

轻松劝慰，诙谐贴心 _ 107

言在此，而意在彼 _ 109

第9章　自我魅力展示：幽默是一种优雅的人生态度 _ 113

幽默，是一种绝世的睿智 _ 113

幽默，是一种难得的自信 _ 117

幽默，是一种优雅的人生态度 _ 119

幽默，是一种霸气的领导力 _ 122

第四篇　玩转职场，幽默的人最受欢迎

第10章　轻松赢得掌声：玩转幽默做受欢迎的职场人 _ 128

以幽默的方式做自我介绍 _ 128

谈吐幽默，打动同事心 _ 131

以幽默语言巧妙应对领导 _ 134

幽默营造良好的工作氛围 _ 137

第11章　管理者的幽默：令下属马首是瞻的有效手段 _ 141

幽默，拉近与下属之间的距离 _ 141

善用幽默，轻易打动下属心 _ 144

妙语激将，挖掘下属潜力 _ 146

风趣的责备，更易于下属接受 _ 149

第12章 谈判时的幽默：用幽默口才策略令对手折服 _ 153

善用幽默，营造和谐氛围 _ 153

风趣辩论，减少火药味 _ 156

幽默，变“战争”为和平 _ 160

以诙谐的语言反击对方 _ 161

第五篇 守护真心，用幽默为感情调味

第13章 经营深厚友情：用幽默的言辞让友情更长久 _ 166

善于幽默，令你左右逢源 _ 166

幽默，让你结识更多的朋友 _ 169

以幽默的方式“认错” _ 171

幽默可以化解困境 _ 174

第14章 建造和睦家庭：幽默的智慧让生活更加温馨 _ 178

以幽默营造温馨的家庭 _ 178

幸福的家庭少不了幽默 _ 181

以幽默的语言教育孩子 _ 185

第15章 保鲜甜蜜爱情：柔情蜜意不妨用幽默来激发 _ 189

初次接触妙用幽默 _ 189

幽默激发爱的温柔 _ 191

幽默令对方心动 _ 194

以幽默化解爱人之间的“冰山” _ 196

第一篇

通达人生，学点幽默沟通技巧

第1章　人生需要幽默：学点幽默，人生会快乐很多

生活处处有幽默，人生处处需要幽默，一个人若是缺少了幽默的特质，那他就好像少了一只可以飞翔的翅膀。当然，幽默并不是天生的，除了天性乐观，我们后天还可以积极培养自己的幽默细胞，让自己成为人见人爱的幽默达人。

幽默造就乐观的心态

幽默能给人们带来轻松，所以在遇到困难和挫折时，幽默可以缓解人们内心的紧张和焦虑。在困难的时刻善用幽默的人通常有一个乐观处世的心态，无论遇到什么棘手的问题都会用幽默来调整自己，使自己保持一个良好的心态。幽默可以造就乐观的心态。

拿破仑不但是一个军事奇才，还是一个幽默专家。有一次，他请手下的几位将军用餐，时间到了，那几位将军还未到。拿破仑是一个时间观念很强的人，于是他一个人大吃起来。等那些人到来后，他已吃完了。他对将军们说："诸位，聚餐的时间过了，现在咱们开始研究事情吧。"幽默使拿破仑非常乐观，即使在战场上不占优势的情况下，也不会轻易撤退。一次与敌军作战，遭遇顽强的抵抗，队伍损失惨重，形势

非常危险。拿破仑也因一时不慎掉入泥潭中，满身泥巴，狼狈不堪。可此时的拿破仑浑然不顾，内心只有一个信念，那就是无论如何也要打赢这场战斗。只听他大吼一声："冲啊！"他手下的士兵见到他那副滑稽模样，忍不住都哈哈大笑起来，但同时也被拿破仑的乐观自信所鼓舞。一时间，士兵们群情激昂、奋勇当先，终于取得了战斗的最后胜利。

即使在战场，幽默也能起到作用，拿破仑的幽默虽然有些狼狈，但却让士兵们在那一刻感到了快乐，士气受到了极大的鼓舞，从而取得了胜利。

有位秀才第三次进京赶考，住在曾经住过的店里。考试前两天他做了两个梦：第一个梦到自己在墙上种白菜；第二个梦到下雨天，他戴了斗笠还打着伞。临考之际做此梦，似乎有些深意，秀才第二天去找算命的解梦。算命的一听，连拍大腿说："你还是回家吧。你想想，高墙上种菜不是白费劲吗？戴斗笠打雨伞不是多此一举吗？"秀才一听，心灰意冷，回店收拾包裹准备回家。店老板非常奇怪，问："不是明天才考试吗？今天怎么就打道回府了？"秀才如实相告，店老板乐了："我也会解梦，我倒觉得，你这次一定能考中。你想想，墙上种菜不是高种吗？戴斗笠打伞不是双保险吗？"秀才一听，更有道理，于是精神振奋地参加考试，居然中了个探花。

解的是同一个梦，平时死板算命的先生给出的答案让人悲观，但是幽默的老板给出的答案却令人乐观，可见幽默可以造就乐观处世的态度。

林肯是个幽默的人，他从来不遮掩自己，当有人笑话他的父亲是个鞋匠时，林肯笑笑说：“不错，我父亲是个鞋匠，但我希望我治国的能力能像我父亲做鞋那样娴熟高超。”林肯善于用最通俗的语言来表达最深刻的道理。他被人最常引用的名言是：“你可以在任何时候愚弄某些人，也可以有时愚弄所有的人，但你不可能总是愚弄所有的人。”

幽默的性格造就了林肯乐观的心态。林肯的一生饱经风霜，坎坷异常，但他没有被击倒，仍乐观地等待明天。纵观林肯的一生，快乐的日子要远远少于悲痛、心烦的岁月，但他仍旧没有被击倒，顽强地与那些给自己生活带来麻烦的人、事做斗争，这一点就连他的对手都敬佩不已。道格拉斯这个两次击败过林肯的竞选对手在评价林肯时说：“他是党内强有力的人物，才智超群，阅历丰富，他是西部最优秀的竞选演说家。”

年轻的画家，身无分文，却走进一家豪华高档的大餐厅，吃了好几打的生蚝，希望在蚝壳中发现一粒珍珠来付账。或许你会觉得好笑，但是我们不得不承认，能有此等襟怀洒脱过日子的人，其生活必定更加快乐、更加充实，因为这种人天生幽默，生性乐观。

一位智者曾说过：“生性乐观的人，懂得在逆境中找到光明。生性悲观的人，常因愚蠢的叹气，而把光明给吹熄了。”当你懂得生活的乐趣，就能享受生命带来的喜悦。烦恼重重的人，芝麻小事都会困住他。想解脱的人，天大的事情都束缚不了他。

学会幽默，保持一种乐观的心态，如果一种方法行不通，那么换一种方式、换一个心情，说不定在另一方面你会有更大的惊喜、更大的成功。

用幽默驱散莫名的愁云

俗话说：“笑一笑十年少，愁一愁白了头。”烦心的愁事在心头萦绕的时候，人们会无精打采、心事重重，茶不思、饭不想，既耽误了工作，又影响了学习。其实，这种为一些事情发愁的做法是没有必要的，因为发愁只能使自己的心情一落千丈，解决不了任何问题。人的一生要做的事情太多，而人的生命又是有限的，如果把宝贵的时光都浪费在犯愁上，那真是可惜。所以在发愁时，不妨用幽默来驱散心头的愁云。

曼德拉的幽默是其达观心态的自然表露，洋溢着乐观主义的色彩，体现出一种潇洒的人生观。一次，曼德拉在他位于约翰内斯堡的官邸发布重要新闻。在这之前，两名医生对曼德拉进行常规性体检。通过体检发现他血液中的蛋白质含量过高，这可能意味着某种感染，需要进行进一步相关化验。由于当时曼德拉的健康越来越引起人们的关注，有必要对全国人民及时说明。为了消除人们心中的疑虑，医生强调曼德拉的心脏、肝脏十分健康，他在罗本岛监狱服刑期间感染的肺结核已经痊愈。尽管如此，担忧还是笼罩在南非人民的心头。面对记者，曼德拉说："医生告诉我一个鼓舞人心的消息是，我今天晚上不会死去。"在大家笑过之后，他补充道："3周前我患了重感冒，现在已恢复正常，身体总的感觉挺好，可以继续自己的既定日程，也会听取医生的忠告。"

作为一国领袖，曼德拉的健康和安危牵动的是全国人民的心。曼德拉在南非人们担忧之时恰当地运用幽默，把大家心中的愁云一扫而光。这种幽默往往比严肃而详尽的解释更加可信，这一举动使担心他身体健康的南非人民如释重负。

晚唐有位纨绔子弟出身的宰相，名叫王铎，他生活奢华，"出入裘马鲜明，妾侍且众"。王铎的仕途极盛时期是他统兵出关镇压黄巢之时。此时他官至宰相，封晋国公，总统诸道行营兵马，行专杀之权，可谓集地位、权势、实力于一身，是一人之下、万人之上，甚至皇帝的圣旨，有时也可以借"将在外君命有所不受"而加以拒绝。然而他多年养成的惧内积习，并未消减。王铎将兵出行时最关心的是带领众姬妾而行，其"妾侍"虽众，但由于夫人管束之严，是难以沾边的。因此他一旦获得行动的自由，就肆意而为，也不管什么即将兵临险地了。一次，黄巢大军从广州北上，气势汹汹，中书令王铎率领全国各路兵马在江陵堵截。忽然探马来报，王夫人已经离开首都长安，直奔江陵，现已离此不远了。王铎听报，十分惊恐，便对军中的参谋人员说起此事："黄巢贼军，攻城破县，由南往北，渐渐而来。而夫人怒气冲冲，又从北边南下，眼看就要到达江陵。这可怎么办？"一位幕僚说："不如向黄巢投降。"王铎听了一扫愁云，哈哈大笑起来。

幽默是驱散心头愁云的最好办法，见效快，而且彻底。

幽默大师查理·卓别林说："幽默是智慧的最高体现，具有幽默感的人最富有个人魅力，他不仅能与别人愉快相处，更重要的是拥有一个快乐的人生。"而这位幽默大师最推崇的人是被他称为美国"幽默学之父"的罗伯特·斯坦恩。斯坦恩是美国斯坦福大学心理学教授，是第一位把幽默作为研究课题的专家。在第二次世界大战中，许多奔赴欧洲战场的士兵随身只携带两本书，一本是《圣经》，另一本就是罗伯特·斯坦恩编写的《幽默的艺术》。士兵们通过这本书来驱散由于战争而笼罩在心头的乌云。

遇到发愁的事，要用幽默转移注意力，应该多与人接触，只有在和别人的接触中才能展现自己的幽默，才能欣赏他人的幽默。接触长久了，彼此关系逐渐融洽了，玩笑与幽默更加自然了，心头的愁云也就消解了。

心情很糟的时候，看什么事情都不顺眼，自然做什么都不会得心应手。所以，尽量快乐地生活，用幽默作为缓解压力的办法，这样快乐也就不知不觉地来到你身边了。幽默是一杯清茶，滋润你的心田；幽默是一块奶糖，让你倍感甜蜜；幽默是一阵清风，让你展开笑颜；幽默是一抹阳光，为生活增色添彩；幽默是一场演出，彰显你的魅力；幽默是一种力量，让你绝处逢生。

生活中总会有许多挫折与不幸，这些挫折与不幸总让我们一时无语、无措与无奈。幽默地看待、诠释、回答生活中的一切挫折与不幸，给自己一份幽默特质，还自己一份幽默心情。

幽默帮你学会笑对逆境

这世间有太多不如意，但是生活还要继续。每个人都遇到过逆境，都体会过其中的艰辛。面对逆境有的人选择了放弃，有的人选择了逃避，还有的人选择了面对。第三种人的选择是正确的，这点毋庸置疑。因为放弃的人求得了所谓的解脱，却在心里留下了遗憾，这一时的放弃，也许就是一生的遗憾。逃避只能逃得了一时，逃不了一世，所以不如勇敢面对，这样的人生才是丰富多彩的。幽默可以使一个人学会笑对逆境，学会苦中作乐。

2002年3月，阿拉法特和他的助手以及保镖在办公楼的地下室里，度过枪林弹雨的白昼、漫漫的长夜，等待着以军坦克可能发动的最后一击，然后勇敢战死，成为烈士。这是英国记者戈登伯格要告诉世人这位有职无权的总统的心态。由于以军炸掉了水塔，所以总部内的洗手间和浴室已无水可用，卫生情况可想而知。除电话线被切断外，手机信号显然也受到干扰，难以跟外面联络。每人配给的食品也少得可怜，只有一些面包、牛奶和黄瓜。探访过里面情况的巴方医护员萨拉曼说："里面缺水缺粮，乱七八糟！"直至3月31日午后，一群国际和平主义者和几位记者无视以军的炮火和阻挡，成功进入巴自治政府总部探望被困在那里的阿拉法特，送来数量不多的食品、饮水和药品。3月30日，阿拉法特的周末晚餐是在昏暗的烛光下和部下一起吃水煮马铃薯。在最艰难的时刻，阿拉法特仍不失幽默，在与其助手和护卫分享极为匮乏的食物时，还自嘲希望能像耶稣那样，重现用"五饼二鱼"救活数千人的奇迹。

阿拉法特能在如此艰难的时刻还保持一种乐观的心态，不得不让人敬佩。然而正是他的幽默使其能够在逆境中保持一颗顽强的心，继续为巴勒斯坦的民族事业奋斗。

从前有一位智慧的老人，每天坐在加油站外面的椅子上，向开车经过镇上的人打招呼。这天，他的孙女在他身旁陪他慢慢地共度光阴。一位游客到处打听，想要找地方住下来，他走过来问：“这是个怎样的城镇？”老人慢慢转过身来回答：“你来自怎样的城镇？”游客说：“在我原来住的地方，人人都很喜欢批评别人。邻居之间常说别人的闲话，总之那地方很不好。我真高兴能够离开，那不是个令人愉快的地方。”坐在椅子上的老人对陌生人说：“那我得告诉你，其实这里也差不多。”过了一个多小时，一辆载着一家人的车在这里停下来加油。车子慢慢转进加油站，停在老先生和他孙女面前。母亲带着两个小孩子下来问哪里有洗手间，老人告诉了他们。父亲也下了车，问老人：“住在这座城镇不错吧？”坐在椅子上的老先生回答：“你原来住的地方怎样？”父亲看着他说：“我原来住的城镇每个人都很亲切，人人都愿帮助邻居。无论去哪里，总会有人跟你打招呼，说‘谢谢’，我真舍不得离开那儿。”老先生转过身来看着这位父亲，脸上露出和蔼的微笑：“其实这里也差不多。”然后那家人回到车上，说了“谢谢”，挥手再见，驱车离开。等到那家人走远，孙女抬头问爷爷：“爷爷，为什么你告诉第一个人说这里很可怕，却告诉第二个人这里很好呢？”爷爷慈祥地看着孙女美丽湛蓝的双眼说：“不管你搬到哪里，你都会带着自己的信念，那地方可怕或是可爱，全在于你自己！”

已经发生的事情就像泼出去的水，我们无法选择，但我们可以选择自己的情绪状态。虽然我们无法为了自己的生活更加舒适而改变周围的环境，但我们可以调整情绪来适应一切的环境。一个人的生活并非全部由发生的事情所决定，而是由你对生命的态度和你看待事情的态度来决定，所以灵活地转变自己的态度，可以达到自己想改变生活的目的。

“笑一笑，十年少”，笑能叫人变得年轻，笑比哭好。所以，人活一辈子，应该笑，最好笑口常开，常笑不衰。所以，面对逆境，要幽默，因为幽默能使一个人学会笑对逆境。

幽默，出乎意料

幽默，往往是出乎意料的。在生活中，我们可以运用出其不意的方法，这样往往能够把幽默感提升，更能使人体味到其中的巧妙和由此产生的趣味。出其不意关键在于其结果出乎人的意料，所以通俗的段子要少讲，最好在某种适合的场合下，冷不防地说一句巧合的、意味深长的话，才会产生良好的幽默效果。幽默是可以顺手拈来的，但必须是出其不意的。

当年《中西日报》的主办人伍磐昭在一次演讲中谈到袁世凯时说：“他平生只做了一件大利大益于中国的事情。”听者无不愕然，然后他不慌不忙地答道：“即是他死了——绝对的死了，很合时宜地死了，很合适地死了。”这一妙语，使在座的人都会意地笑了。

有时候，我们可以运用转折法。那么，怎样运用转折法呢？通常要先讲一个荒谬的结果，使别人感到惊奇，在别人急于知道原因的时候，给对方一个巧妙的解释。例如最近股市暴跌，问朋友睡眠怎样。对方说：像婴儿般睡眠。大惊后佩服：不愧是高手！这都能睡得着！他沉默半晌道：半夜经常醒来哭一会儿再睡。

一位老太太拿着破旧的作业本，给一位著名作家看，并让他看看这个孩子的前途如何。对方看到那潦草不堪的字迹，评价道："这个孩子既懒惰、又任性，我想他一辈子都不会有出息。"老太太非常严肃地说："这是你小时候的作业本！"

当两个人的对话自然、顺畅地发展时，突然一个急转，对话的结果出来了，却是令人目瞪口呆的，就非常有喜感。想要达到这种出其不意的效果，最重要的是前面的铺垫，如果没有精彩的铺垫，对比不强烈，效果就不会那么明显。平时也可以运用这种方法，先说一段精彩纷呈的铺垫，然后语气一转，来个出其不意的结果。正像某个段子一样，听前面像陆小凤与西门吹雪大战紫禁之巅，最后的结果却是，主人公喊了一声"磨剪子来！"让人捧腹。

某次乾隆皇帝问篮子为什么只能装东西，不能装南北。大臣幽默地答道："因为在五行中南主火，北主水，东主木，西主金，水火都盛不住，所以只好装东西了。"

只要有足够的智慧和内涵，处处都能发现巧合。

这种方法就好比你拿起电话急切切地叫了一声"老公"，

然后噼里啪啦讲了一段自己今天受到的委屈或者遇到的精彩事件，结果对方干咳一声告诉你“我是他爸爸”，让人尴尬而啼笑皆非，当然也能出其不意地逗笑自己和他人。

再如林语堂某次晚上演讲，因为前面的人演讲时间太长，他快步走上台后，仅说了一句“绅士的演讲应该像女人穿的‘迷你裙’，越短越好。”然后就大步流星地走下台去。

如果他又没完没了地讲两小时怎样缩短自己的演讲，行动与语言形成反差，这一幕就变成“冷幽默”，也有一种出其不意的趣味。

幽默，不可低俗

幽默是一种高雅的说话方式，它不是滑稽，不能和插科打诨、刻意说低俗的笑话、用荒唐夸张的动作“搞怪”“搞笑”混为一谈。虽然以上几种形式也能使人们发笑，但这种低俗或中性的刻意为之，往往不能算幽默，强硬的笑话还可能引起人们的反感。另外，幽默只能作为一种手段，而绝不能成为目的，我们要懂得用自己的幽默细胞和高雅情趣来巧妙地运用“幽默”，而不能批量制造，更不能讲低俗的笑话来取悦众人，否则就会使自己沦为笑柄。

1. 有高超的观察力和想象力

幽默之所以令人发笑，往往在于其“巧”“妙”，时机“巧”，言语 “妙”，离开所处的语境，往往不能成为“幽默”，所以需要快速的反应力，要求说话者思维敏捷、能言善辩，具有较高的观察力和想象力，并拥有高超的语言驾驭能力和丰富的语言表达方式。这些都来自对于生活的深刻体验和对事物的认真观察，日常生活中就要多留心、多思索、多积累才能拥有幽默的智慧。

2. 必须以高尚的情趣为基础

幽默的谈吐必须建立在思想健康、情趣高尚的基础上，它往往以诙谐的语言为手段表达善意的规劝和批评或解嘲。所以某些“刻薄”的讽刺和嘲讽最好不要拿出来“现”，如有些人刻薄同事“老黄瓜刷绿漆——装嫩”还自以为幽默，除了表现自己的刻薄和无知外没有任何效果。一些荤段子最好不要在大庭广众或异性面前卖弄，引起尴尬倒是其次，它显示了你的粗俗无礼。

3. 较高文化素养必不可缺

幽默不单单靠智慧和口才以及机灵善变来表现，更要靠深厚的知识底蕴作为基础，否则就只能变成“讥诮”。幽默本身就是智者用诙谐的形式表现出的一种口才，一个人只有知识丰富，对古今中外、天南海北、历史典故、风土人情等都有所了解和掌握，再加上丰富的词汇和灵活多变的表达方式，说起话来才能生动活泼，妙趣横生。

例如，林语堂讲话往往妙语连珠，每次演讲都是座无虚席并逗得在场人士哈哈大笑，这与他文学大师的身份是分不开的，更与他的博闻强识、见识广博有关，否则就算一句一字逗笑一个人也不过是一个“丑角”。丑角上场就能让人笑，但绝不会令人尊重，让人莞尔，他的笑话更不可能让人牢记。我们要做聪明的“幽默者”，而不要做暂时的取悦者。

4. 最好意味深长

幽默绝不是笑话，不能像垃圾一样，说过就被人丢了、忘了，一定要值得细细回味，以后想起来还要觉得好笑，觉得“妙不可言”。幽默不是耍贫嘴，不是没一句正经的，而是在平实的话语中夹杂一两句得体的“俏皮话”，一句巧妙的“调侃”“打趣”，称得上妙言妙语的永远只有一两句，而且值得再三回味，堪称经典，令人难忘。

5. 最好不要转述笑话

一些幽默的段子，自己觉得开心就罢了，在某些场合讲出来，可能有生搬硬套之嫌，而且别人可能事先听过，这样就会适得其反。自己生活中的某些趣事，办公室、旅游途中的某些趣闻倒不妨讲一讲，可以增加自己的魅力。

总而言之，幽默感是可遇而不可求的，它是智慧的结晶，是长期积累的结果。根据具体的语境，选用适当的妙语，才能制造风趣幽默的效果。另外，有的人不会幽默则不必强求，如果故作幽默，反而容易弄巧成拙。

第2章　幽默沟通技巧：幽默能力，需要后天的学习

美国哲学家帕克说：“有原谅人的幽默，喜剧要么是刺人的，要么是温厚的。讽刺的目的是道德主义和感化性的，幽默的目的，则是审美和沉思的。”幽默的特色就是风趣潇洒、逗人喜欢，不过，幽默所包含的内容却是理性的，这就是不言而喻而又让人值得回味的哲理。

荒谬法：故意歪曲，增添趣味

什么是荒谬呢？举个简单的例子，就好像周星驰导演的电影《大话西游》一样，颠覆传统。在电影里，孙悟空被塑造成风流调侃的多情公子，而一向正经的唐僧竟然成了唠叨婆，如此大相径庭，怎么能不叫人发笑呢？也难怪这部电影成了经典。当然，荒谬法成功的基础是所引用的应该是众所周知、耳熟能详的常识，然后再做出歪曲、荒谬的解释，这样所产生的效果才是理想的。

北齐高祖高欢曾于佛教大斋日设聚会，当时有一高僧大德法师在会上讲经。与会者对佛经有疑问，都可以当场提问，法师当场解答，引经据典，言论深奥。有个叫石动筩的优伶最后提问，他对法师说：“我问一个小问题，佛常骑什么？”

法师答道："或坐千叶莲花，或乘六牙白象。"

动箭说："法师全不读佛经，竟连佛所乘骑之物都不知道？"

法师马上反问道："施主读佛经，你说佛骑什么？"

动箭回答："佛骑牛。"

法师问："有何根据？"

动箭答道："佛经上说'世尊甚奇特'。'特'不就是小牛的意思吗？"在座者听了此言，皆哄堂大笑。

有时候，我们把那些被众人所知的历史英雄故事通过词义曲解成了现实生活中的语言，这两者的距离是遥远的，当然，这样的距离越远，所产生的喜剧效果就越大。例如，武侠小说作家金庸曾在自己的短篇小说《越女剑》中对"西施捧心"做了这样的解释：西施是被牧羊女的剑气伤到了心脏，所以才有了西施捧心，然后被东施效颦。其实，我们都知道，西施是因为生病了胸口疼才捂住自己的胸口。结果被金庸先生这样一解释，自然生出许多乐趣了。

有位主管主持会议，开宗明义地宣布："今天的会议十分重要，研究全厂改革大计，故应明令禁止说普通话。"

与会者不禁愕然："普通话，为什么要禁止呢？不说普通话，莫非要说方言或英语不成？"望着众人迷惑不解的目光，主持人这才缓缓解释说："所谓普通话，就是指那种普普通通、平平庸庸、四平八稳、不痛不痒、没有独到见解、缺乏实际内容的套话、空话。这种话难道不应禁止吗？所以，我提议在今天的会上，大家一定要说切实有用的话！”

听到这里，众人才恍然大悟，大笑起来，鼓掌表示赞同。主持人巧用望文生义法，开场白极富幽默感，既点出了会议的宗旨，又活跃了会场的气氛。

我们在使用幽默的时候，可以只按照字面意思去解释，不去探求其背后的含义。换句话说，也就是明知道这是错误的，我们也需要按照字面意思去理解，这样就会说出与解释完全不一样的结果，从而使整个语言表达充满风趣。

有一个医学院的学生，期终考试不及格。补考时老师为了给他一个及格的机会，就提了一个非常简单的问题：“《本草纲目》的作者是谁？”

谁知这个学生听了毫无反应。老师生气地喊：“李时珍，你听见没有？”学生听了，赶紧拔腿就走，老师惊奇地叫住他，问道：“喂，你为什么走呀？”“您不是在叫下一个学生了吗？”学生回答道。

俗话说：“理儿不歪，笑不来。”有时候，幽默是因为语义的转向而产生的，当一句话的意思被误解成另外一种意思的时候，就会导致语义迁移，这样就很容易产生幽默的效果。在这个案例中，“李时珍”这个词语的意思本来是不需要多做解释的，他是《本草纲目》的作者。不过，在这里却产生了歧义，可能是这个学生学习成绩太差，连这样基本的常识都不知道，甚至把这个名字当作同学的名字，让人听了既好气、又好笑。当然，这样一种幽默应该是纯粹的误会的幽默，并不存在什么思想内容。

有位男子性格内向，十分害羞。他始终没有勇气向他心爱的女友表白。他的女友非常了解男子的性格，也非常爱他，常常给他创造机会，可是他十分木讷，始终不会利用这些机会。有一天晚上，他们来到公园散步，走了一会儿，他们就在长椅上坐了下来。男生仍旧像往日一样默默无语，他的女友又向他暗示道：“我听说男人一条手臂的长度与女人的腰围相等，不知你信不信？”

“是吗？”他回答道，“可惜我没有带尺子来量一量！”

有时候，由于当事人缺乏思考和判断力，总是机械地去理解别人的话，以至于产生了误会。其实，由于中国语言的多义性，在现实生活中，因为语言导致的误会是很多的，当然，并不是所有的误会都会导致幽默，只有经过精心制造的误会才会产生幽默的效果。

很久很久以前，美国一出版商有一批滞销书久久不能脱手。一天，他忽然想出了一个主意，给总统送去一本书，并三番五次地去征求意见。忙于政务的总统不愿与他多纠缠，便回了一句：“这书不错。”出版商便大做广告：“现有总统喜欢的书出售。”于是，这些书便被抢购一空。

不久，这位出版商又有书卖不出去，又送了一本给总统。总统上过一次当，便想奚落他，就说：“这书糟透了。”出版商闻之，脑子一转，又做广告："现有总统讨厌的书出售。"不少人出于好奇争相抢购，书又售罄。

第三次，出版商再次将一本书送给总统，总统吸取了前两次的教训，便不做任何答复。出版商却又抛出新词："现有令总统难以下结论的书，欲购从速。"这回书又被抢购一空。

最终的结局令总统哭笑不得，商人却大发其财。

有时候，当我们所说的话有悖于人们的常规思维，这时歪理就产生了，幽默也就产生了。其实，在现实生活中，我们还可以运用"大智若愚"增添交际的趣味，活跃谈话的气氛，不仅如此，还可以最大限度地展现我们的智慧和幽默，令人心生好感。

夸张法：夸大事实，增添喜剧效果

夸张，也就是说一些言过其实的话，如"他的嗓门像铜钟一样，十里地都能听见"。夸张，很容易让听者展开联想，从而产生幽默的效果。在生活中，我们经常把"夸张"的语言表达方式称为"吹牛"，所谓"牛在天上飞，人在地上吹"，说的就是这个道理。在日常交际中，或为了虚荣，或为了增强语言表现力，许多人都会把很小的事情夸大了说，似乎这样既可以展现自己卓越的口才，还可以达到幽默的效果。

适度地夸张能使人或事物的形象或特征更加突出，给人的感觉更加强烈，从而使人受到话语的感染而投入更多的注意力。我们在讲话的时候，为了表达需要，于是在尊重客观事实的基础上，故意言过其实，夸大或缩小一些人或事物的某方面特征，这样形成强烈的对比效果。当你读到李白“飞流直下三千尺，疑是银河落九天”的诗句时，你就不能不用心去体会庐山瀑布那从天而降、磅礴的气势，由于夸张手法的运用，让这瀑布的美震撼人心。适度的夸张是在某些方面“言过其实”，但是又需要有真实来作为基础，这样才有利于突出事物的特殊性，进而激发听众的想象，突出个性形象。

一个法国人、一个英国人和一个美国人在一起吹嘘他们本国的火车如何的快。

法国人说：“在我们国家，火车快极了，路旁的电线杆看起来就像花园中的栅栏一样。”

英国人忙接上说：“我们国家的火车真是太快了！得往车轮上不断泼水，不然的话，车轮就会变得白热化，甚至熔化。”

“那又有什么了不起！”美国人不以为然地说，“有一次，我在国内旅行，我女儿到车站送我。我刚坐好，车就开动了，我连忙把身子探出窗口吻我的女儿，却不料吻到了离我女儿6英里远的一个满脸黑乎乎的农村老太婆。”

夸张本身就是荒谬的，当我们在讲述一件荒谬的事情时，那肯定是引人发笑的。夸张本身包含不协调的因素，这就会产生强烈的幽默效果。当然，人们之所以会笑，那是因为他们知道夸张是不可能成为事实的，于是乎，才有了夸张后的想象与事实之间的差距，差距越大，幽默的效果就越明显。

有一天，国王觉得无聊，对杰克说："如果你能讲一个我从未听说过的谎言，我会赏给你100枚金币。"

"好吧，一言为定！"杰克说完开始胡吹。

"从前，我家有一头骡子。一天，它挣断绳子逃了出去。我四处寻找，哪儿都没有找到。过了几天，我从集市上买回一个大西瓜，拿回家切开一看，我那只逃出去的骡子竟躲在西瓜里给王后补破鞋子呢。"

国王听后，笑了笑说道："这种谎言我听得多了，并不新鲜。你只不过把自己的妻子说成王后而已。"

杰克又开始讲新的谎言："一天，我和父亲乘坐的船在大海上航行。突然，遇到了一只海盗船。海盗追上了我们的船，我抢过了舵轮，把船开进了一条大鲸鱼的肚子里。海盗船也跟着追进了鲸鱼的肚子里。我悄悄对鲸鱼说：'我们这条船大，你消化不了，那条海盗船小，你完全可以消化。'鲸鱼听了我的话觉得有理，就把海盗船吃掉，把我们的船给吐出来了。"

"这种吹牛的话我也听过不少，请你讲一个我从未听过的吧！"国王说道。

"好吧，那我就给您讲一个真实的事。一天，我在先父留下的一本书里发现了一张借据。那借据是您的父亲也就是已故老国王亲笔写的，老国王曾经向先父借过1万枚银币。您现在应该把您父亲借我父亲的1万枚银币还给我。”杰克从容地说。

“杰克，你这是胡说八道！我可从来没听说过有这种事！”国王恼怒地喊道。

“对了，我讲的就是您从来未听过的，请您赏给我100枚金币吧！”杰克笑了笑说道。

其实，夸张是幽默的一种修辞，一旦人们开始夸大事实，那就表示幽默回来了。夸张的作用是用言过其实的方法，突出事物的本质，或者加强说话人的某种情绪，以此来烘托气氛，引起听者的联想。通常情况下，夸张可以引起听者丰富的想象以及强烈的共鸣。在日常交际中，夸张是运用想象与变形，夸大事物的某些特征，说出惊人之语。

在运用夸张手法的时候，必须以客观实际为基础，在不失去真实感的前提下进行夸大或缩小，绝不能无中生有、信口开河，把事物过分夸大或缩小。另外，夸张还必须结合特定的目的与场合而用：如果在一些较为严肃的场合，就不宜用夸张的语句；如果在随意的场合，就可以灵活地运用夸张手法，以活跃气氛，增加谈话的趣味。

比喻法：善用比喻，增强趣味性

比喻，就是打比方，即以彼物比此物。在说明一个事物时，不是直接去说，而是通过描述或说明另一个事物来达到目的。这样，用人们比较熟悉的东西来描述、解释人们不熟悉的东西，减少理解的障碍。

一个编辑收到一封自由撰稿人的来信，信中说：“先生，星期天你退回了我的一篇小说，可你根本就没有读完。因为我故意把几页稿子粘在一起，你退给我时它们仍粘在一起。由此可见，你一直在糊弄作者，你是个文化骗子。”编辑回信说：“早餐时，有一份煎鸡蛋，如果知道它已经坏了，大可不必把它吃完。”

这位编辑就是后来《福尔摩斯探案集》的作者阿瑟·柯南·道尔。此处，他运用的便是比喻的修辞手法，他把这位未读完的撰稿人的小说比喻成已经坏了的煎鸡蛋，生动有趣地表明其已经没有可读性。

比喻一般由本体、喻体和喻词三部分组成。本体是被比喻的事物；喻体是用来作比的事物或对象；喻词则是标明比喻关系的词语，如“好像”“恰似”“像……一样”等，如陕西某领导说：“从地图上看，陕西区域就像一个跪着的‘兵马俑’。在新的历史时期，我们要进一步激活它，让它跑起来。”这里，陕西区域就是本体，而“兵马俑”就是喻体，

"像"就是喻词。

在莫里哀的喜剧《太太学堂》里，阿南解释人为什么"吃醋"，为什么生气。阿南："我给你打个比喻，你就清楚了。你端着一碗汤，来了一个饿鬼，要喝掉你那碗汤，你不但生气，还要揍他，你说对不对？"尧："对，这话我懂。"阿南："'吃醋'完全跟这一样，女人确实就是男人的汤。一个男的看见别人有时候想尝尝他的汤，马上就大发雷霆。"

思想的对象同另外的事物有了类似点，就用另外的事物来描述思想的对象；即用某一个事物或情境来比喻另一个事物或情境。这种打比方的修辞手法就叫作比喻。比喻之所以能制造幽默氛围，是由于它往往用意料之外又在情理之中的话语使人获得"豁然贯通"的美感享受，或是混淆崇高与鄙俗的区别，使情感郁积得到巧妙释放，从而转化为幽默。

我们讲话是为了阐述道理，要把那些生硬、枯燥的理论表述得生动具体，使别人印象深刻，这本来就不是一件易事。但如果能运用贴切的比喻，就能化难为易，几句简单的话就说明了深刻的道理，极具说服力。

使用比喻制造幽默，比喻得越贴切，就越能展现生活的气息，幽默越活泼生动。例如，"做生意不登广告，就好像在黑暗中向女人眨眼一样。""丈夫就好像火一样，稍稍不加注意就往外窜出去了。""女子是世上的盐，世上若没有这种盐，人生就毫无滋味。盐固然是提味不可少的，然而用时，要有节制。"

逻辑法：错落思维，徒增乐趣

逻辑虽然是严肃的，甚至在很多时候是严肃的，但假如我们能在严密的逻辑中使用幽默，那所产生的“笑”果将是不可预料的。毕竟，思维的转向，会让同一件事情产生诸多的面，当我们站在这面看估计是正常的逻辑，一旦转向另一面，那就成了混乱的逻辑。如此想来，岂不是很有趣？其中，有一种思维是呆板的，许多人会把同一种思维强加给不同情境中的人和事。毕竟，在现实生活中，不管是身边的人和事，还是具体的情境，我们都知道随着情境的变化，我们大脑里的思维也要随之变化。

但事实上，当某些呆头笨脑的人总是喜欢保持惯有的思维，那定会笑料百出。

有一位学生，这天先生教给他“你、我、他”三个字，让学生用它们造句。先生举例说：“你，你是我的学生；我，我是你的先生；他，他是你的同学。”

学生回家后高兴地把这些告诉了父亲，并且指着父亲说：“你，你是我的学生；我，我是你的先生。”他又指了指他的母亲说：“她，她是你的同学。”

父亲听了很气愤：“我怎么是你的学生呢？我，我是你的父亲；你，你是我的儿子；她，她是你的妈妈。”受了委屈的学生来到学校，责怪先生：“先生，您教错了，应该是这样的：你，你是我的儿子；我，我是你的父亲；她，她是你的妈妈。”

在这个案例中，孩子和父亲都差不多保持着一种思维，这样的思维只在特定的情境中才会发挥作用。随着情境的变化，他们不懂得语言的表达会随之发生变化，于是产生了可笑的因素。

有一次，音乐家鲁宾斯坦在波士顿举办个人演奏会，演出的票在几天前就售空了。

这天演出前，一个自命不凡的贵妇人来到后台，二话不说，就向鲁宾斯坦要票。鲁宾斯坦很瞧不起这种浅薄无礼的女人，便冷冷地说：“对不起，夫人，我现在只有一个座位了。”

“没关系，一个座位也行！”贵妇人喜出望外。接着，她又头一扬，对鲁宾斯坦说：“不过，我想要的是一个前面的座位！”

“错不了，是前面的，而且绝对前面！”鲁宾斯坦一边说，一边用手指，“看见了吗？就是钢琴旁边的那个座位！”

案例中，那位自命不凡的贵妇人本来的目的是想看演奏会。然而，她的逻辑却是呆板的，当鲁宾斯坦说只有一个座位的时候，她并不会按照正常人的思维去想：这个座位在哪里呢？我是否可以坐在这个位子上？当她对座位的情况丝毫不清楚的时候，却说：一个座位也行。这完全把鲁宾斯坦的话理解错了。当然，直到最后，那位贵妇人才知道那个座位其实是演奏家的，如果自己坐上了这个位置，又看谁的演奏会呢？幽默感顿时而出，惹人发笑。

有一个老头60多岁了，退休在家闲着没事。一天突然心血来潮，想为小孙女做个小板凳。可是非常不凑巧，老头请来的木匠是半路出家，又不肯认真学艺，活做得很糟。

木匠在老头家干了一整天，忙完了去向主人讨工钱。老头说："你做的活太慢了。"木匠说："你没听说吗？慢工出细活。"老人说："你做的活不光慢，更重要的是质量太差，让我白贴了三顿饭。这样吧，就把这只板凳给你抵工钱吧。"木匠不干，分辩道："别把人当傻瓜。谁会要你这个丑凳子？缝又大，板又斜，四只脚都不一样，能值什么？"

这是一个自相矛盾的幽默故事，众所周知，说话是不能自相矛盾的，这是逻辑思维得以成立的起码条件。当一些人说出自相矛盾的话，那就是智力低下的表现。不过，逻辑上的自相矛盾却能产生喜剧的效果。例如，一个人被妻子殴打，无奈只好钻到床下，妻子大喝："出来！"丈夫说："男子汉大丈夫，说话算数，说不出来就不出来。"这也是自相矛盾的幽默，对丈夫气势大，实际胆小如鼠的行为进行了讽刺。

一个演讲俱乐部想吸收阿凡提为会员，但他必须和其他会员一样演讲一次。刚开始大家都希望他能上台讲，于是规定他最后一个上台，大家满怀期待地立于台下。

阿凡提登上了演讲台，开口便问："各位，你们知道我要讲什么吗？”

大伙异口同声地说：“不知道！”

“怎么，你们竟不知我要讲什么，如此无知，那我讲了还有什么用？”说着便走下了讲台。大家一时哑口无言。

第二天，他又登上讲台，对听众说：“各位，你们知道我要讲什么吗？”

“知道！”这回大家吸取了教训，异口同声地答道。

“好啦，”阿凡提说，“既然大家已经知道了我要讲什么，那我重复一遍又有什么用呢？”说完又走下了讲台，大家再次哑然。

他总是这样，大家便商量了一个办法，待他下次演讲时，有一部分人说知道，而另一部分人说不知道。这样，阿凡提就没法下台了。

第三天，阿凡提又登上了演讲台，当他再次像前两次一样发问后，台下便有人喊“知道”、有人喊“不知道”。

阿凡提一笑：“那好吧！那就让知道的人讲给不知道的人听吧！”

说完一甩袖子走下演讲台，扬长而去。大家一时间目瞪口呆，然后又轰然大笑起来。

这确实算一个搞笑的故事，在这里，阿凡提所玩的就是逻辑幽默。阿凡提成功的幽默智慧在于他利用“知道”与“不知道”这两个不具体、虚幻的概念，却推出了与听众想象完全不一样的结果，正应了那句“以不变应万变”，不论对方如何变换，阿凡提的理由也总是跟着变化，不过，他的行为却自始至终没有变化。

文字法：巧玩修辞，笑料百出

其实，幽默本身就是玩文字游戏，而中国文化博大精深，即便同一个字、同一个词在不同的情境中所表达的意思也是不一样的。因此，有一种幽默就是纯碎玩弄文字修辞，这样所展现出来的幽默是合情合理、出人意料的。在生活中，有的人说话比较啰唆，其实，啰唆的语言如果表达方式恰当，那也可以变得幽默起来。啰唆，在修辞学上，跟修辞格中的反复手法是类似的。例如，电影里的经典语言“人是人他妈生的，妖是妖他妈生的”，这样的话很啰唆，却起到了搞笑的作用，在周星驰的电影中经常使用这样的文字修辞，以此达到幽默的效果。

有一对青年夫妇，结婚几年还没有孩子，两人都非常苦恼。有一天，他们在路上碰到老同学，说话间，老同学的儿子突然发问：“阿姨，妈妈说要把你的儿子给我做干弟弟，我什么时候才能见干弟弟呢？”

面对小朋友的问话，妻子十分为难，答吧，怎么答？不答吧，又下不了台。这时丈夫灵机一动，答道："不在今年，就在明年；不在明年，就在后年……"几句啰唆话，不但帮妻子解了围，而且也没有使小朋友失望。

在生活中，我们经常会说某人说话很绕，假如在他的语言表达中还给人一种幽默感的话，那他就是啰唆了。本来只是一句简单的话，但他就是不想以简单的语言表达出来，而是绕过来、绕过去，结果让人听糊涂了，甚至，有时候还会让人一下子听不懂对方在说什么，等到自己完全明白过来，才忍不住笑，这就是啰唆带来的幽默。

通常情况下，若是在书面文字中，我们是不主张啰唆的，因为重复的描述只会让人心生厌恶。然而，口头表达与书面表达毕竟是两种方式，当我们在进行语言表达的时候，适当啰唆，反而会增强语言的表达效果。例如，在一些送别、欢聚的场所，假如啰唆一下，反而让人感到亲切，让人感受到你对某种事情的重视。

杰克逊长得又矮小又丑陋，当他发现有人嘲笑他的时候，他会怒不可遏。

有一次，杰克逊正坐在饭馆里，进来了三个外国人：一位女士和两位先生，他们在杰克逊旁边的一张桌子边坐下。杰克逊抬头一看，发现那位女士正同两个同伴耳语，而且那三个人打量了他一番便咯咯地笑了起来。

杰克逊的脸涨得通红，但他没有说什么，而是取出速写本，认真地画起画来。他一边画着一边不时地望着女士的眼睛，致使那位女士有些慌乱。她觉得她刚才嘲笑过的邻座正在给自己画像，心里很不自在。

杰克逊并没有被她的目光扰乱，满不在乎地继续画画。突然，其中一个男士朝他走过来说："先生，我不允许您画这位女士。"

"哎呀，这哪里是一位女士呢？"杰克逊心安理得地说道，并且把速写本递给他看。只见那位先生道了声"对不起"，便回到同伴那里去了。原来杰克逊画的是一只引颈高叫的肥鹅。

这个男士似乎不知道"鹅"在德语中可以做骂人的意思，意为"蠢女人"。

在这里，杰克逊所使用的幽默是借代。借代，这个文字修辞与其修辞学上的借代存在不同的特点，这是因为修辞学上的借代，是用对象的部分取代整体。而幽默中的借代，是直接用一种东西去指另外一种东西，恰恰因为这样，后者具有更大的灵活性，所产生的效果是出人意料的，这样才更容易显示出幽默。

有一半百的妇人问萧伯纳："你看我有多大？"

萧伯纳答道："看你晶莹剔透的牙齿，你只有18岁；看你蓬松的卷发，你有19岁；看你扭捏的腰肢，你有20岁。"

妇人听后很高兴，继续问道："那你猜猜我到底多少岁呢？"

“我已经说了，加起来就是你的实际年龄。”萧伯纳回答道。

在这个案例中，面对萧伯纳的回答，这位妇人前后的心情形成了对比，造成的反差恰恰就是我们想到的幽默感。在对比这个文字修辞中，我们可以有意地把不相同的两个事物、概念或者本身对立的思想、观点，甚至是两种截然不同的行为综合到一起做比较，这样就会产生令人忍俊不禁的效果。

第3章　玩转幽默语言：当众说话，用幽默汇聚人气

古今中外，所有说话幽默与富有风趣的说话者，无不受到大众的欢迎和敬佩。幽默生动的语言可以更有效地传情达意，增加彼此的了解，说话者以幽默坦然待人，可以使听众消除心理上的顾虑，从而缩短彼此心理上的距离。

即兴讲话，风趣语言令人印象深刻

若想即兴讲话能够有效地抓住听众的注意力，需要融入风趣幽默的语言。有的即兴讲话是在灵感迸发时产生的，这样的讲话通常会在讨论会上、酒宴上、各种聚会上，偶尔也会在意外情形中产生。这种即兴讲话大多风趣、幽默，讲话者可以通过别人的一席话来使自己产生联想，或者借景生情引出自己的思绪，达到风趣幽默的目的，让自己的讲话趣味十足。人们通常在特定的场景中发表即兴讲话，为了使讲话有趣，不妨关注眼前的客观事物，从而让自己产生某种兴致而临时发表讲话。所谓“兴之所至，有感而发”，这种讲话大多是风趣而幽默的。

1945年5月4日，云南大学、中法大学等校的大学生，在云南大学的操场上举行纪念“五四”大会。会议开始不久，突

降暴雨，一些学生离开会场避雨去了，会场秩序大乱。这时闻一多迎着暴雨站在台上高呼："热血的青年们过来！继承五四精神的热血青年站起来！怕雨吗？我来讲个故事：今天是天洗兵！武王伐纣那天，军队正要出发，天下大雨，于是领头人说，'此天洗兵'。把蒙在甲胄上的灰尘洗干净，好上战场攻打敌人。今天，我们集合起来纪念'五四'运动，天下雨了，这也是天洗兵，不怯懦的人上来，走近来！勇敢的人走拢来！"

相比那些枯燥无味的讲话，听众更青睐于那些风趣而幽默的讲话。本来，参加某种活动就是一件愉快的事情，如果在开始之前还来一番枯燥言语的讲话，岂不是减少了活动本身带来的欢乐气氛；若是参加会议，就更需要发表有趣的即兴讲话，会议本身是枯燥、呆板的，若是来一点有趣的即兴讲话，某种程度上会让听众疲劳的大脑得到暂时的休息。

1990年，中央电视台邀请台湾影视艺术家凌峰先生参加春节联欢晚会。当时，许多观众对他还很陌生，可是他说完下面这段话之后，一下子被观众认同并受到了热烈欢迎：

在下凌峰，我和文章不同，虽然我们都获得过"金钟奖"和"最佳男歌星"称号，但是，我是以长得难看而出名的……所到之处呢，观众给予我们很多的支持，尤其男观众对我的印象特别好。因为他们认为本人的长相很中国。中国五千年的沧桑和苦难全都写在我的脸上。一般来说，女观众对我的印象不太良好，她们认为我是人比黄花瘦，脸比煤炭黑。

这一番话嬉而不谑，妙趣横生，观众捧腹大笑。通过这段话他给人们留下了非常坦诚、风趣幽默的良好印象。不久，在“金话筒之夜”文艺晚会上，只见他满脸含笑，对观众说：“很高兴又见到了你们，很不幸又见到了我。”观众报以热烈的掌声。至此，凌峰的名字就传遍了祖国大地。

虽然讲话者采用了自嘲的方式，但效果却恰恰相反，这样的讲话幽默风趣，体现了讲话者超脱一般的思维能力，而且有效地吸引了听众的注意力。

某领导在为文联做形势报告时，当他走上台来，一眼就看到洁白的台布上放着一个插满鲜花的花瓶，他小心地把花瓶移到台下，然后发表了这样一段讲话：“我这个人做报告，很容易激动，激动起来就会手舞足蹈，这花瓶放在台上就有点碍手碍脚了，说不定我一激动，就碰翻把它摔破了，我这个普通干部还赔不起呢！”

这种即兴讲话，不仅活跃了气氛，而且委婉地批评了讲排场的风气，让听众在笑过之后领悟其中的深意。幽默是活跃气氛最好的武器，它可以缓解活动或会议现场紧张、尴尬的气氛，重新营造一种愉快的气氛，同时还可以展现说话者自身的涵养。对于公开场合的说话，获得听众的好感才是说话成功的关键之一，而幽默正是获得听众好感的有效方法。在较为正式或严肃的场合加上幽默贴切的语言，往往会使气氛活跃起来，同时也会让说话者在笑声中逐渐放松。

主持活动，巧用幽默控场

幽默风趣的语言，对于活跃活动气氛、打破沉默局面、调动听众情绪具有很重要的作用。幽默而风趣的主持人主持活动，活动的气氛通常比较活跃、热烈，听众参与的积极性也相对高一些；反之，若是缺乏幽默感的主持人主持活动，活动气氛则通常比较严肃、沉闷，而听众的积极性也很差。因此，在主持活动的时候，主持人需要适当插入幽默的语言，增强说话的生动性、趣味性，有效地掌握前场变化。这会让听众在活动中获得放松，促使大家在轻松愉快的氛围中结束活动。

“你太有才了！刚刚说管网建设，你们建设规划局说已经在规划范围内了，现在提到配套设施建设，你们也早规划好了，工作做得很到位啊！”市政协副主席某先生的一句话逗乐了在场的20多个人。整个座谈会在他的主持下，气氛非常活跃，诙谐风趣之语频频出现。“我们也要搞‘挂牌销案’的哦！小杨同志要好好记录，把责任人和联系电话都写上，开完会欢迎大家继续‘追踪’！”“我也代表市民来问一下好不好？为什么最近家里一大早放出来的自来水不是有点甜，而是有点黄啊……”

在这个案例中，主持人以自己风趣幽默的语言调动了全场的气氛，有效地控制了全场，足以可见，主持人较高的语言功底。有时在活动中经常会出现沉默、冷场、离题、争吵等情况，这时主持人该怎么办呢？

在活动中，如果大家都不愿意发言而保持冷漠，这时作为主持人应该用幽默的话语暖场，也可以点名带头发言，以此调动听众的积极性，从而打破沉默的局面，如“老李，我想你应该早就想好了发言的内容，正在那里跃跃一试呢，我们可等着你的高见呢”，几句风趣的话语立即缓和了现场的气氛。

幽默开场白，巧妙营造氛围

大家都知道，开场白给人的印象是最深刻的，往往能起到先入为主、吸引听众的效果。而精彩的开场白就像磁铁一样，可以紧紧地吸引听众，增强他们对活动的兴趣。那些有经验的主持人，他们的开场白多是反复推敲、认真琢磨的。因此，现场主持一定要有精彩的开场白，应该打破千篇一律的格式，如“现在开会，请领导做报告……”我们应该按照活动的具体情况或谈谈会议的内容，或说活动的形式，或说会议的特点，或提出要求等。因境制宜，灵活设计，最好在诙谐幽默之处，尽量来点乐趣，使听众发自内心地微笑。

某校邀请话剧《光绪政变记》中慈禧太后的扮演者郑毓芝做演讲，主持人是这样开场的：

同学们，今天，我们好不容易把“老佛爷”慈禧太后请来了！老佛爷郑毓芝同志在戏台上盛气凌人，皇帝、太监、大臣见了都诺诺连声，磕头下跪。而在台下，她却和蔼可亲，热情诚恳。她方才和我谈起，还曾扮演过《秦王李世民》中的贵妃娘娘、话剧《孙中山》中的宋庆龄。她是怎样把这些截然不同的人物表演得栩栩如生的呢？下面就请她发言。

主持人很幽默地把发言人是谁，她的概况及发言的内容巧妙地介绍了出来。通常情况下，开场白的内容主要包括活动的背景、主题、目的、意义、程序。语言需要简明扼要，条理清晰，语调与主持人的表情都需要与活动气氛协调一致。

营销讲师金克言先生在一次有近千名观众参加的演讲会上准备演讲，可台下只响起稀稀拉拉的掌声。于是他说："从大家的掌声中可以发现两个问题：第一，大家不认识我；第二，大家对我的长相可能不太满意。"几句话缩短了与听众的距离。台下大笑，掌声一片，反应强烈多了。他接着说："大家的掌声再次证明了我的观点！"话音刚落，台下笑得更厉害了，又是一阵热烈的掌声。这个开场白既活跃了场上气氛，又拉近了演讲者与听众的心理距离，一箭双雕，堪称一绝。

通常情况下，演讲开头成败的关键在于能否吸引并集中听众的注意力。演讲时获取听众注意力的方式随题材、听众和场景的不同而改变，一般可以运用事例、轶闻、经历、反诘、引言、幽默等手段达此目的。

钱锺书先生的小说《围城》中有一段故事，写方鸿渐到本县省立中学发表演讲，事先精心准备了讲稿，可是到场后却发现稿子不在手边，急也没用呀，听众已在热烈鼓掌，方鸿渐只好上场了，但这开场白却来得很精彩——吕校长，诸位先生，诸位同学：诸位的鼓掌虽然出于好意，其实是最不合理的。因为鼓掌表示演讲听得满意，现在鄙人还没开口，诸位已经满意地鼓掌，鄙人何必再讲什么呢？诸位应该先听演讲，然后随意鼓几下掌，让鄙人有面子下台。现在鼓掌在先，鄙人的演讲当不起那样热烈的掌声，反觉到一种收了款子交不出货色的惶恐。

听了方鸿渐的演讲，听众大笑，记录的女孩也含着笑，走笔如飞。

应该说，方鸿渐的开场白获得了极大的成功。为什么？当听众鼓掌后，他却一反众人常有之态，先假意否定听众鼓掌，引起听众兴致。听众想弄清“为什么我们的鼓掌其实是最不合理的？”方鸿渐的解释既出人意料，又幽默风趣，自然深受听众喜爱了。

在主持活动的时候，我们可以用富有启示性的语言、诱导性的语言，引导现场融入活动氛围之中，让所有的听众集中注意力。开场白需要尽可能地避开死板的格式，而是出语不凡，让听众不知不觉间进入自己精心设计的“圈套”。在开场白中，我们可以直接点题，提纲挈领、要言不烦地将活动的内容、主题说清楚，让现场的听众明白这个活动的主旨到底是什么。在开场白中，我们还可以巧妙借题发挥，或是活动的气氛，或是活动的主旨，从而调动全场的情绪，营成适宜活动开展的气氛，让现场的听众亢奋起来。

诙谐语言，助你演讲更成功

在演讲过程中，若是运用一些诙谐的言语，则会让你的演讲别有风趣。幽默的语言不仅能充分调动听众的热情，而且给人留下深刻的印象，甚至期待你的下一次演讲。通常情况下，演讲内容大多是枯燥而乏味的，不是专业知识，就是大量的辞藻堆积，在这种情况下，演讲者讲得费劲，而听众听得也烦躁。更何况，现代社会如此快节奏，谁愿意坐上几小时来听一些枯燥无味的演讲呢？唯一可能的理由就是，演讲者本身很有趣，总是擅长使用一些幽默诙谐的语言。否则，即便大厅坐满了听众，但对听众来说，却是人在曹营心在汉，他们根本就没注意听你讲了什么。

下面是前外交部长李肇星在南京大学的演讲：

我问你们洪书记讲什么，洪书记说，你放开来讲吧，这是南大的传统。这个授权太大。由此我想起一个未经证实的小故事，美国前总统小布什，一次给全国老百姓演讲，说，我今天讲以下五点，结果讲到第四点，想不起来第五点了（笑声）。以后小布什讲话，再也不事先说讲几点了，常说，“我讲以下几点”。所以，今天我向人家学习，也讲以下几点。

……

我大学读的是英文，现在，谁都会说OK！大学生、小学生都会说，当官的会OK，小品演员更不用说。但我读大学一年级的时候，一说OK，老师就要扣分。为什么呢？原来，OK，是美国最大的海港纽约港一个码头工人英文名字的缩写。这个码头工人，没有念过什么大学，也没有念过中学，就是干粗活的，他负责检查包装箱是否合格，他认为合格，就会写上自已的英文名字：一个“O”，一个点，一个“K”一个点。慢慢地，人们一看到OK，就知道可以啦，好啦！所以，现在一个事情好了，大家都说“OK”。

欧洲文艺复兴之前，在现在的意大利，亚平宁半岛上的一个地方叫佛罗伦萨，是但丁的故乡。那里的饭菜做得不错，餐厅里的男服务员为了吸引顾客的注意，用脚尖走路，上牛肉的时候，头上戴的牛角，上羊肉的时候头上戴的羊角，事实上这就是芭蕾舞的起源。

最初的芭蕾舞是以男主角为中心，妇女是不能上场的，后来法国出了个国王，叫路易十四，也叫“太阳王”，从佛罗伦萨娶了一个女孩，这个女孩就把原始的芭蕾舞带到法国的皇室。慢慢就有了商业性的演出，但还是以男演员为主，女演员上台演出，必须穿拖地的长裙，到1688年，有四个女孩特别大胆，她们背着导演，背着舞台监督，商量好要脱掉长裙穿比较短的裙子演出，没有想到演出效果出乎导演的意外，受到观众的喜爱。从此以后，女演员慢慢占领舞台中心。你看，这么高雅的艺术，也是劳动人们创造的。

……

我对南大很有感情。很早就读过匡亚明校长的文章。

在整个演讲过程中，可谓是笑声不断，原本南大只能容纳500人的礼堂当时一下子爆满，连人行道都站满了人。李肇星诙谐的语言，使得整个会场的气氛变得轻松而愉快，名人与学生之间的距离一下子缩短了。

2000年9月19日，微软公司CEO史蒂夫·鲍尔默，在清华大学礼堂做了题为“一切都会在互联网中实现”的演讲。他的演讲是这样开始的：“能够在这里和大家交流，让我感到我无比的荣幸。对我来说，学生几乎是我最乐于为之做演讲的听众。张亚勤（主持人）介绍了我的学生时代，当时我和比尔·盖茨一道在哈佛读书。我可以向大家保证，我曾经当过学生，我也曾经有过头发。”这个诙谐幽默的开头，缩短了演讲者和听众之间的心理距离，营造了轻松的交流气氛。

对于演讲者来说，需要充分显示自己的幽默感。一句得体俏皮的话，会立即缩短你和听众之间的距离，并获得好感；几句对付难题的机智回答，会让自己摆脱困境，并展示美好的自我形象，获得听众的同情和赞美。

著名书法家启功也喜欢诙谐风趣地说话。一次参加学术研讨会，主持人说：“下面请启老做指示”。启老接上去的话却是：“指示不敢当，因为我的祖先活动在东北，是满族，属少数民族，历史上通称‘胡人’，所以在下所讲，全是不折不扣的‘胡说’……”逗得全场哈哈大笑。

说话富于幽默感的人，在感染周围听众的同时，也会给听众增添快乐。

妙用幽默结尾，锦上添花

美国作家约翰·沃尔夫说：“演讲最好在听众兴趣到高潮时果断收束，未尽时戛然而止。”对于每一个演讲者来说，结束语是一个极其重要的步骤，尤其对于竞聘演讲来说更是如此。可以说，结束语是演讲者走向成功的垫脚石，结束语精彩，就好像乐曲结束时的“强音”，直达听众的心里；结束语糟糕，则好像吃花生米，吃到最后一颗却发现是坏的，又苦又涩，这会让整个演讲大失光彩。有时我们会听到诸如此类的结束语：“我想我已经啰唆得够多了”“我不知道自己是不是把这个问题讲清楚了”“我通常并没有这么兴奋，也许是因为咖啡的缘故”，如此结束语几乎可以毁掉整个演讲。在实际演讲中，我们应该善用幽默结尾，这样才算是点睛之笔、锦上添花。

我国著名作家老舍先生是好幽默的。他在某市的一次演讲中，开头即说："我今天给大家谈六个问题"，接着，他第一、第二、第三、第四、第五，井井有条地谈下去。谈完第五个问题，他发现散会的时间就要到了，于是他提高嗓门，一本正经地说："第六，散会。"听众起初一愣，不久就欢快地鼓起掌来。

结尾对于演讲的重要性早已毋庸置疑。一个演讲者能在结束时赢得笑声，不仅是自己演讲技巧十分成熟的表现，更能给本人和听众都留下愉快美好的回忆，也是演讲圆满结束的标志。在多种结尾中，幽默是最能被听众接受的。我们在公共场合的演说，如果也能以幽默、风趣的语言结尾，那么，可为演讲添加欢声笑语，使演讲更富有趣味，令人在笑声中深思，并给听者留下一个愉快美好的印象。

美国诗人、文艺评论家詹姆斯·罗威尔1883年担任驻英大使时，在伦敦举行的一场晚宴上发表了一篇名为《餐后演讲》的即席演说。最后他说："我在很小的时候听人讲过一个有关美国卫理公会牧师的故事。他在一个野营的布道会上布道，讲了约书亚的故事。他是这样开头的：'信徒们，太阳的运行方式有三种，第一种是向前或者说径直的运动；第二种是后退或者说向后的运动；第三种即在我们的经文中提到的——静止不动。'先生们，不知你们是否明白这个故事的寓意，希望你们明白了。今晚的餐后演讲者首先走径直的方向，起身离座，做示范——即太阳向前的运动。然后他又返回，开始重复自己——即太阳向后的运动。最后，凭着良好的方向感，回到终点。这就是我们刚才说过的太阳静止的运动。”在欢笑声中，罗威尔重新入座。

这种紧扣话题的传神动作表演，惟妙惟肖，天衣无缝，怎能不赢得现场听众的热烈掌声和欢笑声？演讲的幽默式结尾是不胜枚举的。关键是我们要具有幽默感，并在演讲中恰如其分地把握住演讲的气氛和听众的心态，才能使演讲结束语产生“余音绕梁，三日不绝”的轰动效应。

第二篇

初涉人际，试试幽默破冰法

第4章 消除陌生感觉：巧用幽默拉近人与人的距离

初次见面，我们可以用幽默的语言拉近彼此的距离，从而达到和谐沟通的目的。在生活中，我们经常会面临面面相觑的局面，试想，假如这时因一句趣言营造了愉悦的气氛，我们岂不可以更快速地与人展开进一步的交往？

幽默，不可小觑

幽默往往以使人愉悦的方式表达人的真诚、善良和大方，它就好比架设在人与人之间的桥梁，有效地拉近了人与人之间的距离，消除了人与人之间的隔阂。幽默的力量是不容小觑的，在现实生活中，有可能仅仅一句风趣的话，就可以令身边的人对自己刮目相看。当然，我们不能过分地夸大幽默的作用，但幽默最大的特点就是能够使人感到快乐，不是吗？可以说，幽默是人类独有的特质，是智慧的体现，因为它可以化解许多人际的冲突或尴尬，可以化怒气为豁达，同时还会给身边的人带来许多快乐。那些富于幽默的人走到哪里都会受人欢迎，因此我们说，幽默可以缩短人与人之间的距离。

幽默风趣的王先生借用朋友的豪华别墅举办了一场晚会，在活动即将开始的时候，助理小张却急匆匆地跑来，一脸自责地说："在我们购买东西回来的路上，苹果不知道什么时候掉了一袋，剩下的可能不太够用，这里离市区那么远，怎么办呢？"

王先生灵机一动，笑了笑，只是轻声地问道："有没有哪一种东西准备得多了？"助理小张回答说："小点心准备得很多，应该还会有剩下的。"听到这样的答案，王先生松了一口气，拍了拍助理小张的肩膀，安慰道："没关系，有我呢。"

晚会开始了，人们看到苹果盘前面立了一块小牌子，上面写着："上帝正在看着你，请别拿太多了！"大家看到后都忍不住笑了，都自觉地只拿了一个苹果，走了几步又看到放小点心的盘子前也立了一个牌子，上面写着："不要客气，要多少拿多少，上帝正忙着注意前面的苹果呢！"看到这样几句话，大家都笑得弯下了腰。这场晚会虽然缺少了一些苹果，却让宾客尽兴而归。

幽默是什么？幽默就是快乐，无比的快乐。幽默带给我们最多的就是快乐，生活中，只要我们稍微动动脑筋，人生处处都会充满幽默，处处充满欢声笑语。幽默的力量，不仅仅是化解困境，更关键的是在化解尴尬的同时能带给我们快乐。人生就好比一张白纸，我们可以乐观地在这张白纸上画出美丽的图画，也可以悲观地画出沉闷的基调，不过，只要我们心怀阳光，乐观积极，那我们就会用幽默来驱散内心的不快，把自己变成一个无比快乐的人。

一位年轻人骑着新买的摩托车在大街上闲逛，不料，"咣当”一声，那辆崭新的摩托车撞上了小轿车，幸好人没事。年轻人一边查看那辆崭新的摩托车被撞后的残骸，一边对围观的人说：“唉，我以前总说，有一天能有一辆摩托车就好了。现在我真有了一辆车，而且真的只有一天。”围观的人听了，都哈哈大笑起来。

在这个小故事中，对这位年轻人而言，自己的摩托车被撞已经是无法挽回的事情，但天性乐观的他并不把这件事放在心上，而是善用幽默的力量，这样既减少了自己的痛苦和内心的不愉快，同时也给围观的人带来了快乐。

幽默的特点是机智、自嘲、调侃、风趣等，幽默不仅能给我们带来快乐，同时还可以消除敌意、缓解摩擦、化解矛盾。可以说，在日常交际中，那些富于幽默感的人，通常会拥有好人缘，较快缩短人际交往的距离，从而赢得对方的好感和信赖，而那些缺乏幽默感的人，则会在一定程度上影响交往，而且会使自己在别人心目中的形象大打折扣。我们可以判定，具有幽默感有助于一个人的身心健康。在日常交往中，我们要善于主动交际，扩大交际面，与人为善，主动帮助他人，从而体验幽默的乐趣。

幽默是一种奇妙的沟通方式

美国心理学家赫布·特鲁说：“幽默可以润滑人际关系，消除紧张，减轻人生压力，使生活更有乐趣。它把我们从个人小天地里拉出来，使我们一见如故，寻得益友。它帮助我们摆脱窘迫和困境，增强信心，在人生的道路上知难而进。”所以，我们说幽默是一种十分奇妙的沟通力，只要在一次沟通中融入了幽默的元素，那这次沟通就是令人愉悦的。或许，我们不知道，幽默可以建立良好的沟通力，从而帮助我们解决生活中的一些难题。在日常交际中，一个卓越的沟通家或许不是最会说话的人，但是，他们却善于运用幽默，通过幽默的表达方式，能够让听众更容易接受他所表达的意思。幽默本身就有一种神奇的令人感到快乐的力量，因此，我们也说，幽默是一种奇妙的沟通方式。

王蒙先生不单单是一个作家，而且还是一个出了名的幽默大师，他的许多文学作品中都蕴含着幽默、诙谐、辛辣、豁达的语言。

有一次，王蒙先生应邀到上海某大学演讲。当时台下学生的积极性并不是很高，于是，风趣的王蒙先生便以幽默的方式开了头，他一开始是这样说的：“由于我这几天身体不太好，感冒咳嗽，不能多说话，还请大家谅解。不过，我想这不一定是坏事，这是在时刻提醒我——多做事少说话……”

他的这句幽默的开场白立即把台下学生的情绪调动起来了，于是，台下的学生纷纷竖起耳朵，打起精神来听王蒙先生的讲座。在他的整个演讲过程中，诙谐的语言不断，台下的掌声也不断。

当王蒙先生提到读者与作者的关系以及如何更好地把握一部作品的时候，在台下学生看来这是一个多么严肃的话题，但王蒙先生却以风趣的语言做了这样的解说："……我希望大家在评论一部作品时，不要轻易下结论，要反复地多读几遍，读懂，读透。千万不要像有些人那样，看到我走路先迈左脚，就说'王蒙犯了左倾主义'；看到我先迈右脚，又说'王蒙犯了右倾主义'；如果我因为感冒咳嗽用手绢擦了擦流出的鼻涕、眼泪，他就喊'王蒙现在又沮丧、颓废啦'……"听到如此犀利、生动的诙谐语言，充满了幽默感，台下昏昏欲睡的学生的热情被点燃了，在王蒙先生结束演讲之后，许多学生还对他恋恋不舍，想再听他讲一次。

在日常交际中，幽默就像必不可少的调味剂，如朋友聚会、结伴旅行，当大家都感到疲惫或长时间静坐无语的时候，这样的气氛是让人感到沉闷和难受的。这时，假如一个充满幽默感的人说了一句笑话，一定可以改变当时的气氛，从而带来快乐，让人们忘记暂时的疲惫和烦恼。若是在朋友聚会中适当开个玩笑，那也可以营造一种活跃的气氛，让彼此的友谊更加坚固长久。

众所周知，乱丢垃圾是一个让人十分头疼的问题，不过，荷兰一座城市却采用了一个十分有趣的方法，从而使这座城市变得非常干净。这座城市曾采用增加罚金和加强巡视的方法，不过所起到的作用是很小的。后来，城市管理者想到了一个方法，那就是在垃圾桶上装一个录音机，让垃圾桶和那些乱丢垃圾的人“说话”，每当垃圾被倒入垃圾桶之后，垃圾桶就会说一段笑话，不同的垃圾有不同的笑话，用这样的方式来吸引更多的人自觉地倒垃圾，当然，效果不言而喻。

类似的幽默在美国也有。在美国街头，当垃圾被扔进一些垃圾桶的时候，垃圾桶就会说：“好吃，好吃，再给我吃点。”幽默的神奇之处在于，当我们善于用幽默表达意见时，更容易被人接受，这样一来，彼此的沟通自然更加顺利。

以幽默展现女性的风采

幽默的语言往往能产生“四两拨千斤”的力量，达得举重若轻的效果。尤其对于女人来说，幽默的语言表达更有一种致命的吸引力。在与人交际的过程中，当你看穿了别人的想法但又不便于直说的时候，不妨使用幽默的语言，相信这肯定能达到预期的交际效果。幽默的语言表达是女人成功社交的捷径，也是一种赢得好感的方法。幽默的语言能够帮助女性与他人建立和谐融洽的关系，赢得他人的支持与欣赏。在生活中，一个女人无论从事什么工作，无论身处何种地位，都免不了与人交往。而幽默的语言则是交往中的一把金钥匙，不仅能帮助女性更好地与他人进行有效的沟通，还能大大地提升她们的形象魅力以及亮丽风采。

有人说："幽默是一种人生态度。"幽默的语言能使紧张的气氛顿时变得轻松活泼，能让他人感到善意，这样表达出的观点更容易被对方所接受。在日常生活中，幽默的语言风格无处不在，它是人际交往的调节剂。在每年的文艺晚会上，相声小品之所以一直是观众最喜欢的节目之一，就在于它的表现形式离不开幽默的语言，那幽默的语言风格强烈地感染着每一位观众。幽默本身就具有一种特性，一种令人愉悦的特性，一旦女人沾染了这种特性，就会变成很受欢迎的女人。

索菲利亚用午餐的时候，一位老妇人走向她的餐桌，举起手摸了摸她的脸庞，老妇人带着歉意说："我看不出它有多好。"索菲利亚风趣地说："省省你的祝福吧！我看起来也没多好看。"

索菲利亚那幽默的语言，打破了双方的尴尬局面。聪明女人要想在交际场合给人留下一个好印象，就要善于运用幽默的语言，无论处于什么样的交际场合，幽默的语言都是我们用心积累的。你要明白，一个面带怒容或神色抑郁的女人，永远不会比一个面带笑容、说话风趣的人更受欢迎。

一句得体俏皮的话，立即缩短了你和对方之间的心灵距离，并获得好感；几句应付难题的机智回答，会让自己摆脱困境，并展示出美好的自我形象，获得对方的赞美。当然，如此的语言风格不仅需要幽默，更需要得体，这样才能收到良好的效果。

一次，一位女钢琴家在美国迈阿密州的福林特城演奏，结果发现到场的观众不到五成。这让她既失望、又尴尬。但她并未因此取消演奏，而是以幽默的语言打破了僵局。女钢琴家微笑着走上舞台，对前来的观众说："我想这个城市的人一定很有钱，因为我看到你们每个人都买了两三张票。"话音一落，大厅里立即充满了笑声。

这位女钢琴家的幽默就在于她对空座位的原因的解释虽然荒诞，但却很奇妙。如此幽默的语言表达让观众少了沮丧、多了喜悦。有时候，说话荒诞一些，风趣意味就会强一些。在日常交际中，我们可以通过场景来发挥幽默语言的表达技巧，戏谑是一种无攻击性的语言表达技巧，开个机智、哲理的玩笑，目的就是增加对方对你的亲切感。

一个女人，可以不漂亮，可以不可爱，可以不时尚，但必须学会幽默。如此，你才能进入更多人的视野中，才能更好地展现自我，被更多的人所熟知、所欣赏。幽默的语言是一个女人致命的吸引力，与这样的女人交谈，无论多久，你都不会厌倦，因为你在交谈过程中感受到了前所未有的愉悦。

幽默的人总受人欢迎

我们毫不怀疑幽默的力量，可以说，幽默可以让你像明星一样受欢迎。在生活中，即便我们没有看见明星出场的真实场景，在电视上也见过不少，那些粉丝的欢呼声、喝彩声一片接着一片。虽然，在现实生活中，幽默的人也许不会受到这样热烈的欢迎，但是，受人喜欢倒是常事。现代社会中，人际关系越来越复杂，许多人整天摆着，不是“九点十五分”的扑克脸，就是“七点二十五分”的苦瓜脸，长此以往，别说财神爷不会上门，就是身边的朋友也不见得能来往。我们经常强调“人生无处不销售”的概念，不仅仅指销售商品，还要把自己推销出去，而且要销售出一个“好价钱”，让大家欣赏你、肯定你、欢迎你，想要认识你，希望跟你做朋友。当然，如果你正好是一个富于幽默的人，那你就可以在人际交往中享受明星般的待遇了。

某大学植物系有一位植物学教授，开的尽管是比较冷门的课程，不过，他几乎每堂课教室都爆满，许多学生甚至愿意站在走廊里旁听。当然，并不是因为这位教授所具备的知识和资历有多渊博，而在于他的幽默感风靡了全校，使得越来越多的学生都喜欢上这位教授的课。

有一次，这位教授带领学生们去一个原始山脉森林做校外实习，这一路上看到了一些叫不出名字的植物。对此，学生都好奇地问教授："这是什么？"教授都一一解答。听着教授详细的讲解，一位女学生忍不住停下脚步，对教授赞叹道："老师，您的学问好渊博哟，什么植物都知道得这么清楚！"这位教授回过头来，眨了眨眼睛，笑着说："这就是我故意走在你们前头的原因了，只要一看到不认识的植物，我就'先下脚为强'赶紧踩死它，以免露馅！"学生听了都笑得前仰后合，当然，我们可以想象，这样一趟野外实习肯定充满了笑声。

从这个小小的故事中，我们就可以知道为什么这位教授如此受学生欢迎了。他在课堂中，常常开个小玩笑，幽默一下，而这就是他广受学生欢迎的原因。当我们将严肃放在一边，学会幽默，那我们也可以成为一个受欢迎的人。

有一次，英国前首相、陆军总司令丘吉尔去视察一个部队。由于刚下过雨，路很滑，他在临时搭起的台上演讲完毕下台阶的时候，不小心摔了一个跟头。士兵们从未见过自己的总司令摔过跟头，都哈哈大笑起来，陪同的军官惊慌失措，不知怎么办才好。

没想到，丘吉尔微微一笑说："这比刚才的一番演说更能鼓舞士兵的斗志。"最后的确如丘吉尔所戏言的，士兵们对总司令的亲切感、认同感油然而升，必能更坚定地听从总司令的命令，英勇战斗。

不管你是善用幽默化解尴尬还是善用幽默制造气氛，但只要你是一个具备幽默感的人，那就是一个受欢迎的人。因为幽默的人是快乐的，他所能带给我们的也是快乐，而谁也无法拒绝快乐。

幽默，可以使人与人之间积极交往，消除紧张感，制造轻松的气氛；可以帮助人找到冲突和情绪困扰的原因；可以用安全不带威胁的方式表达内心的冲突。在生活中，那些具有幽默感的人往往可以挖掘出事情有趣的一面，欣赏到生活中轻松的一面，从而形成自己独特的风格和幽默的生活态度。这样富于幽默的人，容易让人产生亲近的念头；这样的人，使那些接近他的人也会感受到轻松愉快。当然，这些幽默的人总是那么受欢迎。

幽默为沟通疏通管道

有位贵族十分看重一名青年，为了和这位青年拉上关系，贵族便说："我有个女儿，十分乖巧，情愿许配给你。"听了这句话，青年深深地鞠了一躬，回答说："我出身贫寒，能够攀附高门，当然非常荣幸，等我回家和妻子商量一下，怎么样？"当沟通出现障碍的时候，这位青年幽默地表达了自己的想法，这样既不会得罪这位了不起的贵族，而且他所说的话也会让这位贵族对他更加器重，虽然这位青年拒绝了贵族，但贵族不会生气，只会觉得惋惜。可以说，幽默为沟通疏通了管道，得以让彼此之间的交流畅通无阻。在日常交际中，当我们与他人沟通的时候，难免遭遇阻碍，这时假如我们幽默一下，就可以为沟通疏通管道，让双方之间的交流更加和谐。

有一次，作家刘绍棠到一所大学演讲，对于学生提出的各种问题，他都做了十分坦率的回答。

这时，有一位女生递上了一张字条，上面写着："既然文学要真实地反映社会生活，那你为什么总是唱赞歌，不唱悲歌呢？难道社会就没有阴暗面吗？"看到这样尖酸刻薄的问题，刘绍棠思索了一下，便向那位女生问道："你喜欢照相吗？"见那位女生直点头，刘绍棠反问道："你脸上有光滑漂亮的时候，也有长疮疤不干净的时候，你为什么不在脸上生疮疤的时候去照相呢？"这样一反问，引得周围的人都情不自禁地笑出声来。

在这个案例中，显而易见，那位女生是故意刁难刘绍棠，不过，面对学生的故意刁难，刘绍棠却不急于回答，而是提出一个让对方感兴趣的话题，如此进行适当反问，给对方一个措手不及。在这个反问中，刘绍棠把文学作品的表达与年轻人的照相做类比，借助幽默的语言，把自己想要表达的意思融入类比中，让人在笑声中领悟，给人留下深刻印象。

约翰是一位著名的记忆专家，据说，他有一套独特的方法能与听众打成一片。例如，他经常在会议或演讲开始之前，向来宾们一一问候致意，请教他们的尊姓大名。然后，在会议或演讲结束之后，约翰再一一叫出每个人的名字。假如他记错了，那就付5美元给那个他忘记名字的人。不过，通常情况下，约翰都不允许自己出错。对此，那些经常听他演讲的人对他的记忆力真是既困惑又佩服。

但是，有一次，他遇到了一点小麻烦。他正在演讲的时候，坐在大厅前排的一个小伙子不等他解释完培养记忆力的问题，就站起来大声说："约翰先生，你怎么会记住这么多名字呢？"约翰回答说："先生，我可以用三个字来回答你的问题——用、大、脑！"结果，那小伙子立即说了一句："那是我的想法，而你用的是什么呢？"

约翰差点被问倒，不过，他毕竟是一个机智的人，他几乎毫不停顿地说："我说的大脑是指脚后跟，明白吗？脚、后、跟。"顿时，下面的听众笑得前仰后合。

当沟通的管道遭遇阻碍的时候，我们就要想办法进行疏通，得以让沟通继续进行。在这个案例中，假如约翰真的被问倒了，像一只木鸡呆站在台上，那么他这个记忆专家就要贻笑大方了。

在生活中，我们都有这样一个常识：当下水道遭遇阻碍物的时候，我们所想到的办法就是软化阻碍物，这样才能疏通管道，使管道正常运作。在日常交际中，其实也是一样的道理，我们需要用一点特别的办法让对方接受这样的疏通管道的方式，而幽默恰恰是这样一个绝妙的办法，因为幽默，我们总是轻而易举地化解尴尬或难堪，恢复和谐的气氛。

第5章　赢得他人好感：幽默语言话里话外讨人欢心

幽默是一种艺术，因为它的存在，让世界充满了欢乐。虽然，幽默的力量不会让你变得漂亮或英俊，也不会为你付清账单，不过，它确实可以帮助你解决人际关系问题，协调人与人之间的关系，你千万不能忽视这股神奇的力量，当你成为一个备受他人喜欢和信任的人时，你应该感谢幽默带来的力量。

幽默使你万众瞩目

幽默的语言通常能给听众带来快乐。在日常交际中，我们可以融入自己的幽默，这样一方面可以调节听者的情绪，另一方面还可以展现自己的语言魅力。不仅如此，幽默还可以使我们受到万众瞩目。或许只是短短的几句话，就可以令人对你刮目相看、印象深刻。试想，在一个大的舞台上，你说几句风趣的话，惹得台下观众笑声连连，掌声、欢呼声不断，这岂不是万众瞩目？在日常交际中，我们都希望自己一出声就可以引得人们的关注，一现身就可以受大家的喜欢。其实，我们是可以做到的，所具备的条件之一就是幽默。假如你能恰当地表达自己的幽默风趣，那你绝对是最受欢迎的人。

在2000年 8 月举行的南部非洲发展共同体首脑会议上，

曼德拉一连串妙语连珠的幽默话语征服了上千名与会者。曼德拉作为南非前总统出席了开幕式，主要是为接受南共体授予他的“卡马勋章”而来。他走到讲台前说：“这个讲台是为总统们设立的。我这位退休老人今天上台讲话，抢了总统的镜头。我们的总统姆贝基一定很不高兴。”话音刚落，笑声四起。这时，主持人为他搬来一把椅子，请他坐下演讲。他在谢过主持人后说：“我今年82岁，站着讲话不会双手颤抖得无法捧读讲稿，等到我百岁讲话时你再给我把椅子搬来。”会场上又是一阵笑声。曼德拉在笑声过后开始正式发言。

讲到一半，他把讲稿的页次弄乱了，不得不来回翻看。他脱口而出：“我把讲稿页次弄乱了，你们要原谅一位老人。不过，我知道在座的一位总统在一次发言时也把讲稿页次弄乱了，而他自已却不知道，照样往下念。”这时，整个会场哄堂大笑。“其实，讲稿不是我弄乱的，秘书是不应该犯这样一个错误的。”结束讲话前，他说：“感谢你们把用一位博茨瓦纳老人名字命名的勋章授予我这位老人。我现在退休在家，如果哪一天没钱花了，我就把这个勋章拿到大街上去卖。我肯定在座的一个人会出高价收购的，他就是我们的总统姆贝基。”这时，姆贝基情不自禁地笑出声来，连连鼓掌，会场里掌声雷动。

曼德拉幽默的语言调动了人们的情绪，那种场合都是极为严肃的，所以在场的人也不会过多地关注某个人。但是幽默的语言可以给大家带来欢乐，也可以调动他们倾听的积极性。在这个故事中，曼德拉就是舞台上那个受万众瞩目的人，自然，他也是最受欢迎的人。

有个人才30多岁，可是却一根头发也没有了。

一天，他来到一家生发水专卖店，让营业员给他推荐一款生发水。

营业员拿出一瓶生发水，对他说："这是我们刚到的新货，一天卖好几瓶呢！"

他拿过来，边看边问道："效果怎么样？"

营业员说："这样跟你说吧！前几天，有个妇女来买生发水，我给她推荐了这款。她没法打开瓶盖，就用嘴咬，液体不小心沾到了嘴上。三天过后，你猜怎么着？她居然长出了胡子。"

营业员显然夸大了事实，但是却收到了宣传产品的效果，可见她的聪明和幽默。夸张是为了强调事物的某种特征而故意言过其实，或夸大事实，或缩小事实，让听者对所表达的内容有一个更深刻的认识和理解。

心理学家凯瑟说："如果你能使一个人对你有好感，那么，也就可能使你周围的每一个人，甚至是全世界的人，都对你有好感。只要你不是到处和人握手，而是以你的友善、机智、风趣去传播你的信息，那么空间距离就会消失。"在现代社会，社交已经具有越来越重要的作用，人与人之间的互相交往，社交的成功也就是彼此喜欢、彼此信任，愿意相互帮助、相互支持。虽然，赢得社交成功的方法有很多，不过，幽默的作用却是其他任何方法都无法取代的。幽默，可以让你成为当之无愧的万人迷。

幽默是一种宽容

幽默是一种宽容，一种对人对己的宽容。幽默大师林语堂曾说："幽默的人生观是积极向上超脱练达的人生观，幽默的胸怀是宽如大海容纳百川的胸怀，幽默的气度是高瞻远瞩俯瞰众生的气度，幽默的智慧则是一种众人皆醉我独醒的智慧。"在日常交际中，我们经常会陷入沟通绝境，若这时用幽默一笑置之，不仅是对自己的一种宽容，也是对他人的一种宽容。宽容自己，不再纠结于那些不愉快的事情；宽容别人，即便对方说了攻击自己的话，也要以幽默待之，给予谅解。

有一天，甘罗看到做宰相的爷爷在后花园里走来走去，还不停地唉声叹气。于是，甘罗便问爷爷："爷爷，您遇到了什么事情吗？"爷爷回答说："大王不知听了谁的挑唆，硬要吃公鸡下的蛋，命令满朝文武去找，要是三天内找不到，大家都要受处罚。"听了爷爷的话，甘罗生气地说："秦王太不讲理了。"不过，聪明的甘罗眼睛一眨便想出来了一个主意。

第二天早上，甘罗替爷爷去上朝，向秦王行礼。秦王很不高兴地说："小孩子到这里搞什么鬼？你爷爷呢？"甘罗回答说："我爷爷在家里生孩子呢。"秦王听了哈哈大笑，说道："你这孩子，怎么乱说话，男人怎么能生孩子呢？"甘罗说："既然大王知道男人不能生孩子，那公鸡怎么能下蛋呢？"秦王听了之后，一时之间无话回答，于是，公鸡下蛋的事情就这样在笑声中戛然而止了。

当我们被人故意刁难的时候，应该怎么办呢？生气吗？生气只会导致双方关系更加恶劣，但若乖乖就范，那吃亏的只能是自己。这时唯有幽默待之，在幽默中解决难题，同时表达了自己的谅解。在故事中，秦王让甘罗的爷爷去找公鸡下的蛋，完全是想刁难他。不过，聪明的甘罗却想出了这样一个法子，在没有与大王发生争执的情况下以幽默说服了对方，这就是一种对人对己的宽容。

辛亥革命胜利后，孙中山当了临时大总统。有一次，他身穿便服，到参议院出席一个重要会议。然而，大门前执勤的卫兵，见来者衣着简单，便拦住他，并厉声叫道："今天有重要会议，只有大总统和议员们才能进去，你这个大胆的人要进去干什么？快走！快走！否则，大总统看见了会动怒，一定会惩罚你的！"孙中山听罢，不禁笑了，反问道："你怎么知道大总统会生气的？"一边说，一边出示了自己的证件。卫兵一看证件，才知道这个普通着装的人竟是大总统。惊恐之下，卫兵扑倒在地，连连请罪。孙中山急忙扶卫兵起身，并幽默地说：

“你不要害怕，我不会打你的。”

在这里，孙中山的幽默是一种宽容，这其中既有批评的含义，更有谅解的意思。这样幽默式的批评，可以很好地缓解被批评者的紧张情绪，也可以使双方处于一种愉快的氛围，启发被批评者自己思考，从而增进相互间情感上的交流，不但能够达到教育对方的目的，还可以营造一种轻松的气氛，使对方更容易接受。

既然幽默是一种宽容，那幽默的人一定胸怀宽广，海纳百川。一个心胸狭窄、不懂宽容的人是不会懂幽默的。当他们遭遇攻击的时候，他们只会恶语相向，进行无礼的攻击，结果导致人际关系相当恶劣。在生活中，谁能避免难堪呢？当自己或他人遭遇难堪的时候，不妨幽默一下，将快乐传递出去，将怒气发泄出来，我们所能做的就是以幽默谅解对方，以幽默传达自己友善的态度，这样我们才能不断地拓展自己的人际圈子。

幽默的人更容易亲近

谈吐幽默的人，有着睿智的大脑，说出来的话让人感到轻松、亲切，能够发出真诚的笑声，从而使对方在欢乐中很容易接受你所要表达的思想。因此，我们可以说，幽默的人更容易亲近。幽默风趣的话语重点不是在于形式，而是用生动活泼的语言来进行表达和交流，能够让人在轻松的环境之中去倾听和接受。即使分歧比较大的问题也能够因为幽默的语言而让压力减少一些，人们能够在欢笑声中努力地寻找出共同点。

某大学中文系举办一场讲座，请一位著名老教授谈治学的方法。讲座开始前，主持人用赞誉之词把教授介绍了一番，然后说："下面我们以热烈的掌声欢迎王教授谈治学经验。"老教授走上讲台，马上更正说："我不是谈治学，而是谈'自学'。"老教授说完，台下响起一片掌声。

"治学"本就是对教授的褒奖，因为只有成就卓著的人才有能力对大学生大谈"治学经验"。而老教授只改了其中一个字，只用了一句"我不是谈治学，而是谈'自学'"就赢得了一片掌声，引发了大学生们的敬佩之情。足以可见，幽默的语言多是令人惊叹的语言，更有一种强大的吸引力。

19世纪，在奥地利的维也纳，妇女们喜欢戴一种高高耸起的帽子。她们进剧场看戏也不愿将帽子脱下，以致后排的观众被挡住了视线。这些后排的观众纷纷去找剧场经理提意见，于是，经理上台请在座的女观众脱帽，然而说了半天妇女们也不予以理睬。最后经理又补充了一句："那么，这样吧，年纪大一点的女士可以照顾，不必脱帽。"此话一出，全剧场的女士竟齐刷刷地把帽子脱了下来。

剧场经理幽默地说"年纪大一点的女士可以照顾，不必脱帽"，暗示出"如果你觉得自己年纪比较大，那就别脱帽"的意思，使得妇女们纷纷脱下了自己的帽子，因为谁也不想承认自己年纪大。试想，若剧场经理直接说“你们把帽子脱下”，那就会得罪这些贵妇人。但剧场经理如此幽默一说，就显得很诙谐，他的话也更容易被接受，自然也更容易亲近了。

有一次，90多岁的民谣学家钟敬文和朋友们一起参加一个宴会。酒菜上来之后，他站起来说：“你们吃吧，我是个无‘齿’之徒，对付不了这些东西。”大家听后，都发出了善意的笑声，随后少了一些拘谨，多了一些随意。过了一会儿，老先生特地要了一份汤面，他自嘲道：“我是欺软怕硬，你们千万别学我啊！”老先生说这句话既对自己“搞特殊”做了一个比较好的解释，同时又避免了给别人带来的不便，打破了窘迫尴尬的局面，从而让整个宴会充满了和谐的气氛。

或许，在宴会中，许多人对这样一位年事已高的老人多少有一点敬畏、少一份亲近。而老人如此幽默表达，自然令自己变得和蔼可亲起来，甚至成为一个风趣的老头，一时之间，大家的心理距离被拉近了。

在生活中，我们都愿意和谈吐幽默的人打交道。因为幽默的人有一种很自然的亲切感，他们的语言能够给我们带来欢乐和美的享受。一个具有幽默感的人，也是一个有风度、有素养、有魅力的人。谈吐幽默的人在交际圈中会产生磁场的作用，对别人有着很强的吸引力。要想给别人留下深刻的印象，仅仅依靠学识和修养远远不够，幽默风趣也是不可或缺的重要组成部分。一句幽默的话能够迅速消除人与人之间的陌生感，可以很快地给对方留下好印象。

生活中展现幽默的风采

一位研究幽默的学者曾经说过："人需要幽默，如同树木需要阳光、空气、水。幽默感是现代人应有的素质。"后来，有人对这句话做了补充和解释："对疲乏的人们，幽默就是休息；对烦恼的人们，幽默就是解药；对悲伤的人们，幽默就是安慰……"生活在这个世界中，我们如果想拥有一个愉快和轻松的环境，那就需要幽默来装饰和点缀，生活的闲聊需要幽默，平凡的日子需要幽默，在这里，幽默所体现的不仅仅是一种语言技巧，更是一种生活态度，一种乐观、豁达的态度。

老人八十大寿那天，子孙们为了表示孝心，就在家里为他设宴祝寿。全家人众星捧月般地围绕在老爷子的周围坐好，一边向他敬酒一边谈笑风生，祝他老人家福如东海，寿比南山。正在这个时候，突然传来"叭"的一声巨响，众人循声望去，原来是今年上高三的孙子把热水瓶踢倒在地爆炸了。

当地是很忌讳在生日宴会上打碎东西的。家人们都纷纷用责怪的目光看着孩子，这个孩子也手足无措地站在一边，等着爷爷发怒。但是爷爷并没有任何不高兴，反而哈哈一笑，安慰孙子说："这个热水瓶碎得正是时候啊，今年我的孙子要考大学了，自然不能停留在原来的'水平'上。今天他在这个喜庆的日子里，打破了旧水瓶，好比为我放了一挂鞭炮，不仅是孝心的表现，同时也是金榜题名的好兆头啊，你们说是不是这样啊？"

众人听了都长吁一口气，对老人的机智和宽阔的心胸表示由衷的敬佩。接下来，生日的喜庆气氛就更加热闹了，摆脱了窘迫处境的孩子此时也挠挠头，不好意思地笑了。

在平凡的生活中，几句闲聊、幽默的语言能够将生活中的各种烦恼用轻松诙谐的语言化解，给人一种开朗和乐观的印象，同时也能够迅速消除人与人之间的陌生感，让别人对你很自然地产生一种亲近之情。

富有智慧的古希腊人，把幽默看成处世的法宝。他们认为幽默是人类最高级的智慧，可以用快乐和笑声来表现深层的生活哲理。可惜，不少现代人因为整日忙碌而忽视了幽默的重要性。大街上步履匆匆的上班族总是流露出憔悴的神情，办公室里的白领们整日因为沉重的工作而难见一丝笑容，巨大的社会压力和日益加快的社会节奏让每一个人的脸色都变得十分凝重，思维也陷入麻木和停滞。其实，我们不妨把心态摆正，学着运用幽默的智慧为枯燥无味的生活加点料，用幽默来作为调节心情的得力工具。当我们用幽默的态度来看待一切的时候，那么，我们就能看到明媚的阳光，闻到阵阵的花香，生活也就变得富有意义。

幽默助你在社交中如鱼得水

幽默是思维敏捷的一种标志，也是才华和见识的重要象征。一个具有幽默感的人，他的身上会散发迷人的魅力，这种美丽是别人很难达到的。一个谈吐幽默的人，也会因为谈吐风趣而在交际场合如鱼得水、游刃有余，受到别人的欢迎和追捧。在日常交际中，我们不妨多尝试一下幽默的谈吐方式，它不仅可以弥补一个人口才上的不足，还能够成为与别人有效沟通的助推器，从而帮助一个人在交际场合提升人气，建立融洽的人际关系。

一个刚刚大学毕业的小伙子来到一家大型民营企业打工，在较短的时间内，熟悉了各种工作流程，取得了可喜的工作成绩。老板对这位聪明能干的小伙子十分赏识，于是欣慰地对他说："小伙子，好好干，我是不会亏待你的。"

按照别人的思维，对这种场面话大多默不作声。不过这个小伙子却不这样认为，他觉得这是一次不可多得的机遇，应该将这种听多了的场面话当成老板对自己的承诺。于是，他轻松地一笑，对老板说："我想您一定会把这句话放到我的口袋里的。"老板一听，觉得这个小伙子非常有个性，于是开怀大笑起来，爽快地应道："放心吧，一定会给你放到口袋里去的。"不久之后，他就获得了一个大大的红包和加薪的奖励。

这个小伙子是很聪明的，一句幽默的话就加深了自己在老板心目中的印象，同时也给自己的工作带来了丰厚的回报。如果在老板对他进行鼓励的时候，他只是表现出诚惶诚恐的样子，说些场面上的话，恐怕就不会在较短的时间内获得加薪和红包。

当年，冯玉祥将军想通过报纸来寻找自己的人生伴侣。此消息一传出，很多名门闺秀和小家碧玉以及时髦女郎纷纷前来“面试”。冯玉祥将军问她们：“你为什么要选择嫁给我呢？”

有人回答说：“因为您是个大英雄，我爱慕英雄！”还有人回答说：“因为您是大官儿，和您结婚就是官太太。”冯玉祥对他们的回答都表现得十分不满意。毕竟，他不太喜欢这些只看重他的地位和权势的女人。

在这个时候李德全出现了，她的回答让冯玉祥感到很意外：“上帝怕你做坏事，所以就派我来监督你。”冯玉祥被这句机智俏皮的话征服了。于是两个人很快结下了百年之好。“上帝怕你做坏事，所以就派我来监督你！”这句话不仅表现了李德全的胆识和魄力，更显示了她的机智和幽默。在众多应聘的佳丽当中，李德全未必是最优秀的，但是她那幽默的谈吐为自己的形象增色不少，让冯玉祥将军感到眼前一亮，顿时对她产生了别样的感觉。

在现代交际生活中，幽默起着润滑剂的作用。幽默能够熄灭怒火、消除悲伤、抚慰绝望、化解尴尬。幽默能够让呆板、凝滞的氛围变得轻松活跃，从而让别人发出欢快的笑声，产生愉快的心情。一个谈吐幽默的人能够在交际场合中如鱼得水、游刃有余，更能增加自己的魅力，获得超强的人气，无论走到哪里，都备受欢迎。

人生正是有了幽默的存在，才有了无穷的乐趣。因此，学会和善于运用幽默，就能够增加自己的人格魅力，从而达到拓展交际圈子的目的。谈吐幽默的人无论走到哪里，都能给别人带来轻松和笑声，更给自己带来喜悦和成功。

第6章　缓解局促紧张：用幽默打造舒适的沟通氛围

可以说，幽默在沟通中的作用是不可小觑的。它可以让人感到轻松和愉悦，使人在轻松愉悦的同时敞开心扉，这样一来会让沟通更加顺利。因此，在日常交际中，我们须恰当制造幽默，营造轻松的气氛，使沟通的效果趋向完美。

以幽默缓和紧张气氛

幽默是人际关系的润滑剂，幽默可以使激化的矛盾变得缓和，从而避免出现令人难堪的场面；幽默可以化解对方的敌意情绪，从而使问题得到更好的解决。在日常交际中，当交流的双方因一个问题争执起来，或者彼此沉默不语的时候，那就表示气氛变得紧张了。这时再不加以制止，就有可能剑拔弩张，甚至使关系更加恶劣。此时，我们就需要请“幽默大师”出场了。在紧张的气氛中，幽默可以说是最好的催化剂，开几句玩笑，讲一个诙谐的笑话，都可以令紧张的气氛缓解，重新恢复愉快的交际氛围。

有一次，大连星海湾国际会议展览中心举行“大干50天，确保11月底封顶”的誓师大会。仪式正在进行时，坐在主席台上的星海湾总指挥老宋的座椅突然倒下，宋总指挥从上面摔下来，现状很尴尬。大连某市长说："今天的誓师大会开得很好，大家决心都很大，摩拳擦掌，准备大干一场。你们看，你们的宋总指挥已经坐不住了。望大家团结一致，50天确保封顶。"

大伙儿都为这位市长随机应变、妙语解困并顺势鼓舞士气的机智而喝彩。

这一语双关，既化解了尴尬，又使话语含蓄、幽默，富于风趣，还能加深语意，引人思考，给人以深刻的印象。

一位青年来到编辑部，递上自己的作品要求发表。编辑看了他的作品后问："是你自己写的小说吗？"

青年人回答："是我自己写的，我构思了几个月，整整写了三天，才把它完成。"编辑站起来与他握手："啊，伟大的契诃夫先生，您什么时候复活了啊？"青年脸一红，拿起作品稿不好意思地走了。

他的文章是抄袭契诃夫的，但编辑没有直接指出，而是以契诃夫复活了这种荒诞的感慨让青年知道他的作品不应发表。语藏机关，一件尴尬的事竟然说得如此风趣，瞬间那紧张的气氛就被化解了。

有时候，我们会使用同一个词语或同一句话，不过，在不同的语言环境中却有不同意思。中华语言的多义性，使得说话含义不单单表现在某个词语或一句话的字面意义上，这个词语或这句话背后的含义才是说话者真正的表达意图。这对于提升语言的艺术色彩力有着非常重要的作用，可使讲话简单明了，又含蓄自然、幽默风趣。

以风趣的语言营造良好的气氛

风趣的语言通常会营造出一种轻松愉快的氛围，同时还可以帮助我们驱除沟通中的疲劳感。在日常交际中，当我们参加宴会的时间长了，就会感到精神疲惫，又如在一些比较庄重、严肃的场合，或者等待某些重大结果的时候，人们往往是疲惫的，此时我们就可以通过幽默的语言，进行适当宣泄，这样不但可以营造轻松的氛围，而且可以让我们疲惫的神经获得短暂的休息。

从前，有一群印第安人被白人追赶，逃到了某个地方。他们的处境非常危险，族人们都着急了，不过，他们却没有勇气去问首领该怎么办。就在这时，首领把族人们都聚集了起来，他希望通过自己风趣的语言来安慰族人，希望能营造一个良好的谈话氛围。

于是，首领对族人说：“有些事我一定要告诉大家，我们的处境看起来很不妙，我这里有一个好消息，也有一个坏消息。”顿时，族人们开始骚动起来。看见大家紧张的反应，首领说：“首先，我要告诉你们坏消息。”所有人都紧张地站着，神色很惶恐，首领开始宣布了：“除了水牛的饲料以外，我们已经没有什么东西可以吃了。”听完首领的话，族人们开始你一句、我一句地议论起来：“那怎么办呢，饿死吗”“真是可怕”。议论了半天，终于有一个年轻人鼓起勇气问道：“请问好消息是什么呢？”

首领笑着回答说：“那就是我们还存有很多的水牛饲料。”听完首领的话，族人们又都笑了起来，原来他们的首领并不严肃，还是一个说话幽默的人。一时间，族人们那种紧张不安的情绪烟消云散，取而代之的是轻松愉悦。

美国一位心理学家说过：“幽默是一种最有趣、最有感染力、最具有普遍意义的传递艺术。”可以说，幽默可以使气氛轻松、融洽，有利于交流。在一些没有必要严肃的场合，也可以幽默一下，这样可以制造愉悦的气氛，让每个人都有一种很轻松的心情。

第二次世界大战胜利前夕的一次进攻战役期间，美军将领艾森豪威尔感到十分的紧张和疲惫，因此来到莱茵河畔散步，以放松紧张的身心。

这时一个看上去很沮丧的小士兵迎面走来，他见是艾森豪威尔大将军，一时之间紧张得说不出话来。可是，艾森豪威尔却面带微笑地说：“你感觉怎么样，孩子？”士兵坦言道：“将军，我十分紧张。”艾森豪威尔说：“哦，那我们可是一对了，我也同样如此。”只是这样一句话，那个小士兵听了感到特别好笑，两人相视而笑，那个小士兵也不觉得气氛很严肃了。

艾森豪威尔的一句话，既缓和了小士兵内心的紧张情绪，同时有效地表达了自己此时的真实心情，从而使接下来的沟通变得很轻松、自然。

1930年2月9日，蔡元培70岁生日这天，上海各界人士在国际饭店为他设宴祝寿，蔡校长在答谢时风趣地说："诸位来为我祝寿，总不外要我多做几年事。我活到了70岁，就觉得过去69年都做错了。要我再活几年，无非要我再做几年错事咯。"宾客一听，忍不住大笑起来，整个宴会现场顿时其乐融融。

假如蔡元培先生摆出一副严肃的样子，一本正经地致答谢词，那肯定会营造一种非常沉闷的气氛，从而使整个宴会的基调变得十分沉重，宴会效果可想而知。

风趣诙谐的语言可以起到很好的营造气氛的作用，在交际场合，说几句风趣的语言是十分有必要且很重要的。特别是初次见面的朋友，假如见面后旁若无人大声说笑，就会显得十分唐突。不过，在交流不畅的情况下，适当地风趣几句却是有效的润滑剂，这样可以缓和当时的尴尬气氛，从而使交流更加顺利。

对不熟悉的人切勿乱开玩笑

有的人喜欢开玩笑，以此来活跃气氛，消除双方之间的陌生感，这确实是一种与人建立融洽关系的有效方式。但是，也有不少人在初次见面时即与对方开玩笑，试图消除陌生感，往往适得其反。其实，玩笑是不能随便开的，尤其是面对自己不了解、不熟悉的人，更不能随便与对方开玩笑。因为我们稍有不慎，把握不当，不仅不能缓和气氛，还会给双方关系造成难以弥补的裂痕，从而导致人际关系的破裂。因此，在不了解对方的时候，不要随意与对方开玩笑。

我们不可否认玩笑的重要作用，如果把握得当，它在很多时候都能够活跃气氛，缓和初次见面的紧张感和生疏感。但要选择合适的时间、合适的地点、合适的环境以及合适的对象，它才会产生锦上添花的作用。相反，如果我们与一个自己不了解的人随意地开玩笑，免不了会被误解，或者伤害到对方，严重者会给自己带来难以预想的后果。

刘备进入蜀地之后，曾与益州的刘璋在富乐山相会，当时正好碰到了刘璋的部下张裕。刘备见张裕满脸胡须，就开玩笑说：“我老家涿县，姓毛的人特别多，县城周围都住满了毛姓人家，县令感到奇怪，就说‘诸毛为何皆绕涿而居呢’？”在这里，刘备巧将“涿”借此为“啄”，意在取笑张裕那张被一脸黑毛遮住的嘴巴。

不料张裕回敬道："从前有个人先是任上党郡潞县县长，后来又迁至涿县做县令。有人在他上任前准备回老家探亲，便给他写了一封信，可在称呼上却犯了难，一时不知称他为'潞长'还是'涿令'，最后只好称他为'潞涿君'。"在这里，张裕也巧妙借此取笑刘备脸上无毛，立即引得哄堂大笑。当时，他们二人不过是开个玩笑，张裕并不在意这件事，但刘备却因自己占了下风而一直耿耿于怀。

后来张裕投到刘备麾下，刘备竟找了个借口，要杀张裕。诸葛亮请刘备宣布张裕罪状，刘备竟说不出什么理由来，竟称："芳兰当门而生，不得不锄去也。"

由于张裕对刘备一点都不了解，对其以玩笑回敬。哪晓得刘备心眼小，一直因自己占了下风而耿耿于怀，于是张裕就因为一句玩笑话而掉了脑袋。

我们与对方开玩笑也要选择合适的场合，不能随便在任何场合开玩笑。例如，在一些庄重的集会或重大的场合就不适宜与对方开玩笑，一些有着浓厚悲伤氛围的场合，也不应该与对方开玩笑。这样的场合下，如果我们与对方随意开玩笑，只会增添对方的不悦情绪，进而对你没有任何好感。因此，开玩笑需要选择合适的场合，必须在双方都心情愉悦的情况下，你的玩笑才能够发挥作用。

当我们与陌生人交谈的时候，为了消除双方之间的陌生感，开适当的玩笑是可以的。但是，在互不了解的情况下，开玩笑更需要慎重，既要选择合适的场合、合适的环境，还需要考虑对方的性格特征、对方当时的情绪。除此之外，我们还需要把握好玩笑的内容，确保是内容健康、情调高雅的。当你把这些因素都考虑周全了，与对方开适度的玩笑，会为你加不少印象分。

每个人都有不同的性格，有的人活泼开朗，有的人爽快豁达，有的人比较内向，有的人则比较敏感。我们在开玩笑时要因人而异。如果对方的个性比较开朗，则可以适当地开玩笑，活跃气氛；如果对方比较敏感，则不宜开玩笑，有可能会伤害到对方。另外，对女性来说，开玩笑要适度；而对于老人来说，更要慎之要慎。总之，开玩笑要在不伤害对方自尊心的前提下，开玩笑的目的是营造轻松愉快的谈话氛围。

一般而言，玩笑是人际交往中的润滑剂，能够缩短交往双方的心理距离，能够活跃气氛，能够化解尴尬的窘境。如果我们能够在交际中恰当地运用这一技巧，就会使自己成为交际中的高手。但是，我们一定要记住：开玩笑也要选择合适的场合、合适的环境、合适的对象，这样玩笑才能发挥出应有的作用，进而使人际关系融洽。

以幽默的语言打破僵局

在日常交际中，人们常常因固执己见而争论不休，因为一句不适当的话而冷场，或者因为突发状况而形成难堪局面等。各种原因都会使场面变得僵持，难以缓和的气氛横亘在交流双方之间，整个场面就如同冰山一般。这时候，作为当事人或者局外人，需要适时地说几句话来打破僵局，化解尴尬的气氛，使交流得以顺利地进行下去。其实，生活中难免发生一些令人猝不及防的事情，这会让当事人遭遇尴尬或不快，甚至引发不必要的麻烦，轻则令人烦心，重则会在心里结下疙瘩。这时，如果利用突发事件与语言之间的玄妙之处做出机智的解答，就会使当事人转忧为喜，紧张气氛也会得以缓解。

有一次，小娜和几个同事一起参加省里的业务考试，当她们走进考场时，只见阿梅的桌子上钉有三枚大钉子，且凸出不少。不难想象，这不仅会刮破衣服，同时也会影响答题的速度。阿梅一脸怒气地要求监考老师换桌子，可监考老师说："现在不能换，别违反考场纪律！"阿梅气得柳眉倒竖，连说："真倒霉，不考了。"小娜见了连忙说："有几枚钉子算什么！"阿梅说："你说得轻松，这可是三枚钉子，躲都躲不过去呢！"小娜说："你太幸运了，我还求之不得呢！"阿梅说："你别拿我开心了，这么倒霉的事要让你碰上，你还能说幸运？"小娜说："你知道这三枚钉子说明了什么吗？这叫板上钉钉！说明你今天的三科考试铁定都能过关。”阿梅听后马上转怒为喜：“借你吉言，我要是三科都及格了就请你吃饭。”结果一个月后发布成绩，阿梅果然三科都顺利过关。

本来桌子上有三枚大钉子是令人生气的，更何况还要坐在这里考试。小娜为了打破僵局，在阿梅生气的时候，将“板上钉钉”的俗语与考试联系了起来，积极地联想，“三科铁定都能过关”的吉言正好说到了阿梅的心里。于是，僵局被打破了，阿梅借小娜的吉言获得了好成绩。

在交际场合，过于严肃和紧张的气氛往往不被人们所接受，这时候就需要用幽默的语言把它变得灵活些、有趣些。有时候，一个敏感的问题就使整个场面变僵，甚至妨碍了交际的正常进行，这时候就可以通过幽默的解说将问题诙谐化，打破僵局，使交际得以顺利进行。

巧妙打圆场，为他人夺回面子

中国人素来爱“面子”，尤其在人际交往中，更是处处怕失“面子”，这也是中国人的普遍心理。但人们在处理人际关系的时候，也会因经验或能力不足而面临尴尬的局面，或与客户争吵，或被上司批评，或被同级嘲笑等，此时，他们都希望保住“面子”，保持尊严。此时，如果我们能巧妙地打圆场，给对方找到一个台阶下，从而使他打破难堪的局面，那么，对方一定会由衷地感激我们。

假如在一个比较严肃、敏感的问题导致交流双方对立，甚至阻碍交谈正常进行的时候，我们可以转移话题，用诙谐有趣的话题来营造气氛，转移大家的注意力，也可以用有趣的话题来淡化问题的敏感性，打破原本僵持的局面。例如，朋友之间为了某个问题争得面红耳赤、僵持不下，可以适时说一句“要把这个问题争得明白，比国家足球队赢球还难”；或者说一个笑话，让双方的情绪平缓下来，在轻松的气氛中化尴尬于无形，使交际活动得以顺利进行。

老诗人严阵和一位青年女作家访问美国，在一所博物馆的广场散步时，恰巧有两位美国老人在一旁休息，看见有中国人来，他们很热情地与两人交谈。其中一位老人为表达对中国的感情，热烈地拥抱那位女作家，并亲吻了她一下，女作家十分尴尬，不知所措。另一位美国老人也抱怨说，中国人不习惯这样，那拥抱过女作家的老人像犯了错误似的呆立一旁。严阵赶快上前微笑着说：“呵，尊敬的老先生，你刚才吻的不是这位女士，而是中国，对吗？”那老人马上笑道：“对，对！我吻的是中国！”尴尬气氛在笑声中烟消云散了。

老诗人严阵的及时打圆场，消除了因错误亲吻而带来的尴尬。对于这个犯“错”的外国老人而言，他一定也从心里感激严阵给他的这个台阶。所谓打圆场，是指交际双方争吵或处于尴尬处境时，由第三者出面进行调解的一种方法。打圆场运用得好，有利于打破僵局、解决问题，还可以融洽气氛、消除误会、缓和矛盾、平息争端、联络感情。

有一次，齐白石在看护伍德萱的陪伴下参加新凤霞的“敬老”宴会，在场有很多文艺界名流。齐白石很早就听过新凤霞甜美的唱段，见到她本人后，激动地紧紧握住新凤霞的手，从上到下，仔细地端详、凝视着新凤霞，使对方陷入了尴尬。他的看护提醒他：“你总盯着人家看什么呀？”此举惹得齐白石颇不高兴，反驳道：“我这么大年纪了，为什么不能看她，她生得好看。”见齐老脸都气红了，伍德萱也一时不知所措，这时新凤霞笑着说：“齐老，您看吧，我是唱戏的，不怕看。”旁边的人也打趣道：“老师喜欢凤霞，就收她做干女儿吧！”几句趣话真的促成了一段佳话。

可见，交际中若遇到尴尬场面，审时度势，准确把握双方的心理，然后运用说话技巧，借助幽默风趣的话语及时打圆场，化解尴尬，保证交际活动的正常进行，就显得十分重要和宝贵，也确实是十分必要和值得重视的。

在生活中，有时候人们会因为某个问题争论。其实，造成如此难堪的局面并不是双方的意见，而是各自的好胜心和较劲心理。其实，别说不同的人，即便同一个人对某一个问题的看法随着环境的改变，以及看问题的角度不同也是不同的，当然，也有可能是合理的。在打圆场的时候，我们需要注意这个关键的问题，帮助正在争论的双方找到一个争执点，灵活地分析问题，这样就可以让他们停止无谓的争论。

总之，打圆场是一种语言艺术，必须从善意的角度出发，以风趣的话语去缓和紧张气氛，调节人际关系。从我们自身来说，掌握交际双方的心理，运用说话技巧，帮人夺回“面子”，也可以使我们在交际场合左右逢源。

第三篇

恣意交际，用幽默展示魅力

第7章　获得他人认可：言语交锋幽默展现内心智慧

日常交际中，幽默常常隐藏在一问一答中。通常情况下，所谓的沟通就是一问一答，这需要配合，如果只有一个人在说话，那根本不叫沟通，而是演讲。因此，在言语交流过程中，我们要善于从对方的言语中找到切入点，如此才能机智地将自己的幽默展露无遗。在问答之间，幽默所闪现的是智慧之光。

避开锋芒，谨慎应答

在交际过程中，我们免不了被别人问一些问题。而有的问题没有必要回答，这时候就需要拒绝回答。但是很多人都有这样的体会，别人对你提出了某个尖锐问题，出于理智的考虑应该拒绝，但是出于某种交际的缘故，直接拒绝又会破坏彼此之间的愉快气氛，而且也有损我们的形象。不可否认，我们不希望因为拒绝回答问题而使交谈陷入困境，使对方感到不快。但是，在很多时候，直截了当地拒绝回答对方的问题，效果不佳。因此，我们有必要避开对方问题的锋芒，谨慎应答，既达到避免回答问题的目的，又不使对方难堪。

罗斯福当美国总统前，曾在海军担任要职。一天，一位朋友问起海军在加勒比海一个小岛建立潜艇基地的计划。

罗斯福向四周看了看，压低声音问："你能保密吗？"

"当然能。"

罗斯福笑着说："你能我也能。"

有时候，面对一些你不想回答的问题，你可以顺势诱导，巧妙地拒绝对方。罗斯福先是顺势诱导，再巧妙地拒绝，明确地表示不想回答这个问题，不想把秘密告诉那位朋友。

有时候，对方所提的问题异常尖锐，而你又不可能当面拒绝回答。为了显示自己的气度，你可以答非所问，避其锋芒，从问题本身入手，巧妙地抛出答案。

有时候对方所提出的问题有一定的合理性，但由于某些原因你无法予以回答。此时你可以用肯否并用的方法，先肯定对方问题的合理性，然后再拒绝其提出的问题。这种语言表达形式经常是转折关系的复句或句群。

《世说新语》里有这样一个故事：大将军钟会慕名去拜访名士嵇康，嵇康自顾打铁，不理睬钟会。钟会站在一旁看了一会儿准备离去。见钟会要走，嵇康就问："何所闻而来，何所见而去？"钟会答曰："闻所闻而来，见所见而去。"

有时候，面对别人的提问，你若不想回答，就可以采用重复已知信息的方法拒绝。钟会的回答重复了嵇康问题中隐含的信息，这就是一种有礼貌的、委婉的拒绝。

有时候，我们在面对一些不必回答的问题时，可以适时地沉默拒绝，但是千万不要板着一张冷冰冰的脸，而是微笑地看着对方。用你的无声语言告诉对方，这个问题你不想回答，也没有必要回答。但是哪些问题是不需要回答的呢？大致来说，就是那些关系企业内部机密的问题、那些无关紧要的小问题、我们的私人问题。假如被他人问一些不需要回答的问题，你可以用幽默的方法拒绝。

谬趣横生，以谬制谬

“以谬制谬”，简单地说，就是当对方说出错误的言论时，不要去纠正他，而是顺着对方的错误言论，推出错误的结果。一旦结果呈现在对方面前，对方的错误言论也就不攻自破了。这种方法的巧妙之处在于，相当于对方主动开口承认自己的言语是错误的，对论敌来说，无疑是自己打自己的耳光。当然，正因为如此巧妙，这种方式通常会在辩论中发挥强有力的作用，让对方没有办法还击，只能哑口无言。

楚庄王钟爱一匹马，这匹马穿的是华丽锦缎，住的是华丽房屋，睡的是床铺，吃的是切好的干枣。后来这匹马死了，楚庄王决定用棺椁装殓它，以大夫的礼仪来厚葬它。大臣们议论纷纷，都认为楚庄王的做法很不妥。楚庄王不听众人的劝解，说谁敢再为葬马的事情劝说他，就要杀头，群臣都不敢再劝了。

这时，楚国的乐官优孟大哭着走了进来。楚庄王问他为什么哭，优孟回答说："这匹马是大王最喜欢的，就凭楚国这样大的国家，有什么事情办不到？大王却只用大夫的礼仪来安葬宝马，太不够档次了，大王应该改用人君的礼仪来葬马。"楚庄王问："怎么样用人君的礼仪葬马呢？"优孟说："臣请求大王用雕饰过的玉做棺材，派甲士挖穴，让老人和孩子背土。齐、赵两国陪侍在前面，韩、魏两国护卫在后面。庙堂祭祀用太牢为祭品，封给万户大的地方作为它的奉邑。"

听到这里，楚庄王觉得这种方式好像太过分了，优孟见时机已经成熟，便下结论说："诸侯听到了这件事，都知道大王您轻视人而重视马。"楚庄王一听，马上说："寡人的过错竟到了这种地步吗？太不可思议了，我该怎么办呢？"优孟笑着说："请大王将这匹马当作一匹普通的牲畜来埋葬吧，在地上挖个土灶，用铜铸的大鼎作为棺材，赏赐它姜枣，再用木兰树的皮铺在棺材里，用粳米做祭品，用大火炖煮，将它埋葬在人的肠胃里。"楚庄王觉得优孟说得在理，于是叫人把马交给了宫里主管膳食的官员。

楚庄王要给马办丧事，这本来就很荒唐，而将马的葬礼办得跟大夫的葬礼一样简直就是胡闹。但在楚庄王自己看来却不觉得有什么过错，因为他太爱那匹马了，面对楚庄王如此的决定，大臣们如何反驳呢？这时优孟先不指出楚庄王的错误，而是顺着他的想法，推出一系列结论，让楚庄王意识到自己的想法是荒谬的，而优孟则达到了以谬制谬的目的。

我们在使用以谬制谬这个论辩方式时，应注意哪些问题呢？以谬制谬的方式只针对对方的言论是谬的，假如你明明知道对方的言论是正确的，还使用这个方法，那无疑给自己难堪，因为你所推出来的结论会证明你的言论是错误的。

即便发现对方的言论是极其荒谬的，也不需要说破，而是先假设对方观点是合理的，然后将对方貌似合理的论点加以引申，推出一个明显错误的谬论。以其人之道还治其人之身，有力驳倒对方的观点，这样的反击才是大快人心的。

出其不意，一招制胜

《孙子·计篇》曰："攻其不备，出其不意。"意思是趁对方没有意料到就采取行动，也就是出乎别人的意料。在实际沟通中，我们也可以利用这一计谋，以出乎对方意料的言语制服对方。"出其不意"也就是不按照正常的逻辑出牌，有可能借题发挥，有可能顺势引导，从而说出一些超出对方预想的言辞，令对方无法招架，这样所产生的效果是顺利地摆脱了对方的言语限制。通常在言语交流中，如果按照正常的逻辑思维，当自己论述了一个观点，我们就可以预想对方有可能会出现什么样的言辞。出其不意则让我们完全跳出了这个圈子，说些对方完全想不到的话语，从而打他个措手不及，最终我们将成功地占据上风。

有时面对对方攻击性的语言，你可以顺势引导，先回答对方的提问，然后反戈一击，出其不意地打倒对方的气焰。在案例中，演讲家面对学生的发难并没有生气，而是思路清晰地回答了学生的恶意提问。但是当他回答完了，他也来个出其不意，反戈一击，使学生意识到说错和失败的原来是自己。

一位埃及妇女看到自己在尼罗河畔玩耍的孩子被鳄鱼抓住，就请求鳄鱼把孩子归还给她。鳄鱼当着众人说："如果你猜对我的心思，我就把孩子归还给你。如果你猜得对，则根据你说话的内容，我不把孩子归还给你。如果你猜得不对，则根据约定的条件，我不把孩子归还给你。你或者猜得对，或者猜不对，所以我都不会把孩子归还给你。"

听了这样的话，妇女灵机一动，说："如果我猜得对，则根据约定的条件，你应把孩子归还给我。如果我猜得不对，则根据我说话的内容，你应把孩子归还给我。我或者猜得对，或者猜得不对，所以你都应把孩子归还给我。"

鳄鱼本来想用一个不符合逻辑的推理来为难妇女，可没想到妇女也用了一个同样不符合逻辑的推理来反驳鳄鱼，出其不意，这样的反驳方式实在是太巧妙了。最终鳄鱼将孩子还给妇女。

在实际沟通中，当我们受到对方的攻击时，可以不直接从正面答辩，而是借助对方的话题还击，出其不意，从而改变问答的局势。使用这种方式最重要的在于“借”，即能否借对方的话题为己所用，当然，这也取决于我们的辩论经验和思辨能力。

在交流中一旦发现对方岔开话题，不需要打断，应让他继续说下去。如果对方是一时不小心而为之，那估计对方说不了多久，就会发觉而显露窘态；如果对方想到了另外一件事，那他一旦察觉也会回到原来的话题之上；如果对方有意岔开话题，可能会就这个话题说下去。

先观察对方处于什么情况，如果是前两种情况，那你应适时顺应对方，让对方将话题越扯越远，给对方出其不意的一击；如果是最后一种情况，则需要及时地回到原来的话题，出其不意地反驳其有意岔开话题的居心。

柔中带刚，以示气势

生活中，我们谁也无法避免和别人发生一些摩擦与冲突。有时候，可能是因为别人对我们不了解或者是其他原因而说出一些带有攻击性的话语，那么，此时如果我们选择沉默，就很可能造成屈服的假象，别人就会从内心里瞧不起我们；如果我们以牙还牙，用比较粗鲁的话谩骂和反驳对方，难免有失风度。这时我们不妨用柔中带刚的幽默语言来化解对方的攻击，这样做，不仅能够让自己摆脱尴尬，同时还能提升自己的人格魅力，更重要的是能把摩擦降到最低，给交谈的双方都带来宽松愉悦。

英国大文豪萧伯纳的剧本《武器与人》首次公演就获得了巨大的成功，热情的观众要求萧伯纳上台接受观众的祝贺。萧伯纳不好拒绝观众的热情，就从座位上起身，向舞台中央走去。当他走到舞台上准备向观众致意的时候，突然一个人在下面大声地喊："萧伯纳，你的剧本实在是太烂了，没有人稀罕你的作品，还是自己拿回家看去吧，别在这里丢人现眼啦！"观众听了都对这位口出狂言的无理取闹者表示抗议，同时认为萧伯纳会被气得浑身发抖。但是有着深厚修养的萧伯纳并没有表现出任何异常，反而客气地向那个出言不逊者深深地鞠了一躬，彬彬有礼地说："这位朋友，你说得实在是太好了，我完全同意你的意见。"接着他的话锋一转，面朝观众说："不过非常遗憾的是，在场的人中只有我们两个人提出了反对意见，我们两个人的反对能够对这么多的观众起到什么作用呢？我们两个人能制止这个剧本的演出吗？"萧伯纳的话一说完，全场笑声不断，接着是热烈的掌声。那个挑衅者见势不妙，只好灰溜溜地从剧场逃跑了。

面对善意的责难，我们应该保持一个平静的心态，万万不可表现出愤怒。怒火中烧，烧坏的只是自己的大脑，很可能会让自己下不了台。这个时候，最好运用幽默的回答或者反问来应对这些尴尬的问题，既给自己一个台阶下，也可以缓解一下紧张的情绪，同时免得祸及不相干的人。

作家欧希金在他的《夫人》一书中写到了美容界知名人士卢宾丝坦女士。有很多人对这件事感到不满意，在一次聚会上，有一个人不断地攻击他，说他写这种女人是对法兰西民族感情的侮辱，因为她的祖先是烧死圣女贞德的执行者。别人听后都对欧希金捏了一把汗。欧希金苦笑着说道："烧死贞德的事情总该有个人做，但是你现在差不多就快把我给烧死了。"个人听了，便识趣地离开了，聚会又恢复了原来的热闹和融洽。

当人与人之间发生矛盾的时候，应该多用幽默的"润滑剂"，而不要使事情越来越僵。幽默的人往往通过几句轻松俏皮的话语产生神奇的效果，使严肃的气氛变得轻松、活泼起来，不仅让自己摆脱了窘迫的处境，同时还传递了一份宽厚和善意，让那些对你有偏见的人迅速改变他们的看法。幽默说出的是语言，表达的却是一个人的机智和心胸。

莎士比亚曾经说过："幽默是智慧的闪现。"一个人幽默的谈吐绝不是说话技巧的体现，而是和他的智慧有着很大的联系。面对别人的攻击，每个人都渴望用幽默的话语进行巧妙的反驳和化解。但是，幽默技巧的形成，绝不是一朝一夕的，也绝不是背上几个滑稽的段子就能熟练掌握的，而是有着深厚的文化底蕴和丰富的社会经验。因此，要想在别人的攻击中达到处乱不惊、巧妙化解的境界，还需要我们不断地去积累书本知识和社会阅历。

第8章　令人心悦诚服：幽默话语也可以很有说服力

在日常交际中，有时候我们需要为了说服对方而绞尽脑汁，如何才能让对方心悦诚服呢？幽默，当然是幽默，在说理中融入诙谐幽默的语言，让人听着舒服，同时也达到了说理的目的。

打好“太极”，以弱胜强

生活中，有些人面对敏感的话题时，容易情绪激动，大动肝火，从而将事态扩大化，将言语的矛盾转化为肢体的冲突。这样既伤害了自己，又伤害了别人。这种做法是丧失理智的，同时也是一个人不成熟的表现。诚然，敏感的话题是每个人都非常忌讳的，但是，面对敏感话题时恼羞成怒和丧失理智必将授人以柄，成为别人疏远和嘲笑自己的证据。太极的特点是“以柔克刚，以静待动，以圆化直，以小胜大，以弱胜强”。太极的力量，在于绵柔当中藏着强大的内力，让接收者感受到力量却无力反驳。无论是调解他人的争端还是保护自己，多用一下“太极术”，就能够达到很好的艺术效果。

提及“太极术”，很多人会想到“装腔作势”“装疯卖傻”“故弄玄虚”的成语，事实上并非如此。“太极术”的应对形式，表现了一个人的临危不惧和心平气和的良好修养，在谈话中能够用含而不露、隐不显的语气让对方觉察到你的真实用意，哪怕对称的回答感到不满意，也找不出破绽。

北魏孝文帝有两个心腹大臣，一个叫元志，一个叫李彪。元志在孝文帝迁都洛阳之后做了洛阳令。有一次，元志乘车出行，迎面撞上了御史中尉李彪的车子。按照北魏的礼仪，职位低的官吏遇到职位高的官吏应该站在路旁行长揖礼。但是，元志是一个十分好强的人，又自恃魏国宗亲，便不把李彪放在眼里，坚决不肯为他让道。于是两个人就在大街上吵了起来，最后又拉扯着来到孝文帝面前评理。

李彪对孝文帝说："御史中尉是皇帝重臣，朝廷大员，而元志只是一个小小的县令，不给御史中尉让道就是藐视朝廷。"元志却说："我是皇帝钦定的京城地方长官，凡是在洛阳居住的人，无论是谁，都在我主管的户籍簿里，李彪虽然是御史中尉，但更是我辖区里的一名子民，因此，我没有必要给他让路！"两个人在朝堂之上各执一词，吵得不可开交，明白其中原委的孝文帝啼笑皆非，觉得两个大臣因为让道而闹成这样实在没有必要。

为了化解两个人的矛盾，防止事态扩大，孝文帝没有偏袒任何一个人，也没有简单地选择各打五十大板的方式，而是和起了稀泥，说："既然两位爱卿都有理，那么你们两个就分道而行吧。这样，就谁也不会向谁行礼了。"两个人听罢，这才停止了吵闹。

元志和李彪两个人并没有任何的利益冲突，只不过是意气用事罢了。聪明的孝文帝没有因他们两个人的争吵而盲目判断孰是孰非，而是采用了“打太极”的方式，给他们一个“分路而行”的解决办法，这样就让他们两个挣足了面子，掉头也就有了充分的理由。同时，两个人的争执也在无形中得到了解决。

在面对敏感话题的时候，我们不妨采用“打太极”的方式来化解那些带有刁难性质的提问。“太极术”的谈话方式就是将一些生硬的问题淡化处理，用故意曲解、避重就轻、答非所问、转移话题的方法去拒绝别人的提问，所达到的效果既能捍卫个人的尊严、维护个人的原则，又能让对方听出弦外之音，同时还不会伤及对方的面子。

面对敏感的话题，义正词严地去指责对方比礼貌固然能够表明一个人的原则，但是这种僵硬的方式却会给自己带来巨大的负面影响。如果使用太极式的语言表达方式，就能够使事情有一个回旋的余地，也不至于伤害彼此之间的感情。

大道理，小幽默

在和别人交际的过程中，我们经常会遇到一些比较严肃的场合，谈论一些比较严肃的话题。在这种正式场合下，许多人的心都绷得紧紧的，用一本正经的方式进行信息表达和交流。这样就会因为大量空洞枯燥的话题和词汇而使交际场合变得十分沉闷，也会给听者造成心烦意乱、昏昏欲睡的感觉，最终必将导致交流的失败。那么，在这个时候，我们就可以尝试用幽默的方式来使那种严肃的气氛变得活跃一些。这种方式能够将大道理寄存于看似玩笑的幽默话语中，从而使交谈的气氛变得生动活泼，也能够使别人怀着愉快的心情接受你所表达的观点和理念。

在文学作品中，我们比较喜欢讽刺小说、喜剧剧本和寓言故事等题材，而对认识论、伦理学、美学等感到厌倦，这是因为前者具有趣味性，能够在轻松的话语中给我们带来人生的思考，而后者则充满了枯燥的长篇大论，读起来索然乏味，纵使里面蕴含着十分深刻的哲理，我们也不愿意过多地去接触。其实，人生又何尝不是如此呢？没有人愿意和一个枯燥、呆板、满口仁义道德的人打交道，而愿意和那些谈吐幽默、富有情趣的人做朋友。因此，在日常生活中，我们要多一些小幽默，少一些大道理。只有这样，我们的人生才会丰富多彩，我们的朋友才会日渐增多。

一个人的幽默谈吐是和他的聪明才智联系在一起的，那些轻松的话语充分体现了一个人良好的文化素养、丰富的文学知识和娴熟的语言驾驭能力。而那些张口闭口人生观、价值观的人，看似懂得很多，实际上很可能是一个胸无点墨的人。他们所说出来的话语，看似十分高深，实际上既呆板枯燥，又毫无生趣，在人际交往的场合，这样的人往往最容易被别人忽视。

玛丽亚是一名大学教授，在她55岁那年，她决定离开自己深爱的三尺讲台，结束教学生涯。

在玛丽亚讲完最后一堂课的时候，窗外有一只鸟不停地欢叫着。玛丽亚深情地打量着这只小鸟，过了很久才转过身来面向她的学生们，说："亲爱的孩子们，从今天开始，我就不能陪伴大家了。因为我和春天有个约会，现在我要去赴约了。"说完她轻轻地向门口走去。这时候，礼堂里响起了学生们热烈的掌声，他们在给这位辛勤耕耘了几十年的园丁送行。

在人生的重要时刻，玛丽亚没有讲一句空洞的大道理，也没有用大量的篇幅去解释自己离开的理由，而是用十分富有诗意的幽默话语来和学生告别，从而使学生对她的选择给予支持和尊重。

古今中外不少名人，往往都是著名的幽默大师。他们在任何场合都能够用幽默风趣的话语来表达自己的想法，让别人在十分轻松的环境中对他们所说的每一句话心领神会。他们的幽默绝不是矫揉造作，而是一个人性情和知识的自然流露。曾经有人说过："我本无心讲笑话，但是笑话却经常不自觉地从我口中说出来。"这句话正好说明了这个道理。

轻松劝慰，诙谐贴心

在我们身边有许多人渴望得到宽慰，有可能是失业的朋友，有可能是身患绝症的同事，有可能是正经历婚变的大学同学，有可能是患重病的亲人等。面对困境中的他们，我们能帮什么忙呢？对我们而言，目击他人的伤痛与不安，是一件异常痛苦的事情，我们经常会想办法解决它，或者采取某些行动。然而，有的人不懂得宽慰对方，或者为了避免说错话，选择什么都不说，错失了表达关心的机会。其实，当朋友需要支持或者帮助的时候，我们应该尽可能地用言语去宽慰对方。可面对伤痛，太多的言语反而显得苍白无力，这时我们该怎么办呢？不如试着用诙谐的语言劝慰对方，让对方在笑声中忘记痛苦与烦恼。这不仅是一种友善的行为，也会令对方心存感激，继而使彼此之间的关系更为亲密。

有一天，四个商人忙里偷闲坐在公园的长凳上，边欣赏云淡风轻的秋色，边闲谈起来。第一个商人说："我们四人是要好的朋友，干吗不趁此良机畅谈各自的缺点，好让我们彼此了解呢？"他这么一说，其他三人都点头同意。一个说："我好喝酒，常常见酒不要命，不醉不罢休。"其他三人听罢吃了一惊，心想，我一定要说得比他更惨些，要不他会为自己的缺点感到难过的。

接着，第二个商人说："既然老兄如此坦诚，我不妨也实话实说吧，我好赌，有时，甚至想偷钱去赌。”大家又是大吃一惊。第三个商人说：“老兄们，我真是伤透脑筋了，知道吗，我越来越喜欢邻居家的一个女儿，一个有夫之妇。”

听了这话，商人们更加吃惊。轮着第四个商人了，他却默不作声，其他三人再三追问，他才开口说道：“我真不知道如何启齿呀！”“没关系，老兄，我们一定为你保密！”“是这样的，我有个改不了的毛病——好传闲话。”

在日常交际中，当几个朋友闲来无事坐在一起聊天的时候，就可以把幽默的语言作为一种增进感情、互相安慰的调味剂。假如朋友生病了，为了不提及对方的伤心事，我们不应该直接询问病情，而且即便算是一种安慰，也不会真正地消除朋友内心的阴影。这时我们应该想办法给朋友带去一份好心情。幽默的语言就派上用场了。例如，你可以说：“你多么幸运啊，我也希望生点病，好让我安静地躺在床上休息几天。”这样幽默的语言往往是一种安慰病人的有效方法，而且还能够给对方带来欢乐。

一个因丧妻而患严重忧郁症的老年男子，对任何人的安慰都十分反感。一日，一个老朋友登门拜访，全然不提病情、疗法之类，只是问：“不知你是否想过，假如你先去世，而尊夫人还活着，那会是怎样一种情形呢？”这个老年男子脱口便道：“噢，那对她来说太可怕了，她该遭到多么巨大的痛苦啊！”那老朋友听罢便继续开导：“你看，现在她却没有这个痛苦，那是因为您的安然无恙才使她免除了痛苦，所以，现在你必须尽一分义务，付出一点代价，那就是拥有继续健康地活下去的决心，为你心爱的人免除痛苦，这代价是值得的！”

短短一番风趣的话，让老人豁然开朗，同时，也令老友心中充满感激。人生在世，总会遭遇诸多不幸，当我们健康幸福地活着的时候，也不要忽视了身边的朋友、同事以及亲人的伤痛，适时为他们送上亲切的宽慰之语，令他们充满感激。若他日我们有了什么困难，他们也不会袖手旁观的，这就是人情所在了。

有时候，宽慰的语言并不是一本正经地表达某种同情，它可以诙谐一点，这样所表达出来的效果会更贴切。例如，安慰失恋的朋友，可以这样说“你虽然失去了一棵大树，但换来了一片森林呀”。

言在此，而意在彼

语言最重要的价值是表达某种意思，传递某种信息。而口才的最大价值就是既让自己的态度和感情准确地表达，又给听者带去愉快和欢悦。在和别人交往的过程中，如何表达个人的意见和态度已经成了最重要的社交研究课题。有很多人，并不是薄情寡义，也不是心胸险恶，但是在和别人的交往中经常落个处处碰壁的悲惨下场。这和说话方式是有着很大关系的。错误的表达方式，必然会导致令人不快的结果。在人际交往中，很多人都喜欢直接提出个人的思想和观点，而实际上，这种最直接的说话方式却是效果最差的。有时候不仅无法达到我们预期的目的，还会引起别人的误解和愤怒。这就要求我们在交际场合中，学会用心说话，讲究策略。直接提出个人的观点若是行不通，那么不妨绕个弯子，用委婉的方式来达到交谈的目的。

在日常生活中，总有一些不好直接提出的话题，而这时我们就需要暂时地抛开这些让人不舒服的话题，从另外的角度谈起，在交谈过程中，想办法一步步地向你表达的内容过渡。有了一个缓冲之后，对方就更容易接受比较敏感的话题，从而和你进行愉快的交谈。

有一个妻子准备为丈夫买一件衣服，但是又怕丈夫不同意。于是对丈夫说："咱们的女儿就快举行开学典礼了，可是孩子的衣服大部分都旧了，是不是应该去服装店里买上几件呀？"丈夫听后，觉得妻子的话很有道理，就很爽快地答应了，说："开学典礼不是一件小事，咱们应该好好对待。孩子穿什么样的衣服由你决定好了。"

妻子又说："你还是没有听明白我的意思，我说的不仅仅是孩子的问题。"

"不就是女儿参加开学典礼的衣服吗？这件事你自己决定

不就行了吗？”

“我知道。但是，孩子的开学典礼我也必须参加，我总该为自己准备一件衣服吧？你还是帮我参考一下吧。”

丈夫显得有些不耐烦了：“你自己穿什么衣服还用问我吗，自己决定不就行了？”妻子解释说：“我整天在家里待着，几乎忘记怎么样选择衣服了。你还是帮我去看看哪一件合身吧。”“哎，真拿你没办法，好吧！”丈夫不情愿地陪妻子来到衣橱前。

妻子一边挑选一边说：“哪一件好看呢？虽然衣服不少，但好像全都过时了，你不觉得这些衣服的样式都太老气了吗？”“是吗？我怎么不觉得？”丈夫敷衍着。

“你看嘛，这件虽然是去年才买的，而且颜色、式样都不错，但现在已没人穿这种衣服了。再说这一件吧，这是去年秋天买的，但现在已经不流行这种款式了！难道你没有发觉吗？”妻子问道。

“嗯，听你这么一说，我好像也觉得过时了。”

“那么，在给孩子买衣服的同时也该给我置办一件了，你说是吗？”

“你说我再买一件好吗？再买一件……”

“真拿你没办法，你自己决定好了。”丈夫表示了同意。妻子乘胜追击，对丈夫说：“其实你也该打扮打扮了，经常穿一件衣服，显得很没面子。这次我还是帮你买一件衬衫吧！”

听到妻子的话，丈夫笑了，他知道妻子为什么要绕那么大的圈子了。

有一个战略家在《战略术》一书中说：“无论是在政治、经济还是国际关系中，委婉有趣的说话方式都明显比直接攻击高出一筹。因为直接攻击只会激怒敌方，从而引起更加强大的反抗。委婉的说话方式则不同，它是以间接的、不知不觉的方法使形势转变到有利于自己的一方。在商业竞争中，讨价还价也比直接求购强得多。”在交际场合，我们同样需要用委婉有趣的表达方式来表达个人的建议，获得别人的认同。只有懂得绕弯子，才会在办事的过程中少碰钉子。

第9章　自我魅力展示：幽默是一种优雅的人生态度

对于一个人而言，幽默是一种难得的品性，可以说，幽默所展现的是一种人格魅力。在日常生活中，那些具备幽默细胞的人，他的人生是成功的，或许，我们对这样的成功并不做任何的定义，但是，他们始终以乐观积极向上的态度生活，那就是一种成功的境界。

幽默，是一种绝世的睿智

一位智者说：“智慧是幽默的父亲，乐观是幽默的母亲，幽默是智慧与乐观结合后生的儿子。”在现实生活中，人们承受的生存压力越来越大，虽然生活上富足了，奔上小康了，但我们所能感受到的快乐却越来越少。当然，这并不是因为我们减少了对快乐的追求，而是当我们对快乐越是渴求的时候，它却消失得不见踪影。这个世界需要幽默，这会让我们活得更开心一些，幽默不仅仅有逗人笑的本事，它所彰显出来的更是一种智慧。一个人的身上会有许多的品质，如善良、富有同情心、责任感等，这些品质都是可贵的。不过，在日常交际中，很多时候我们却没有太多的机会去展示自己的这些品质，如果我们刻意展示这些品质，反而会削弱自己本身的魅力。而幽默则不一样，因为幽默里所闪现的是智慧的光芒，幽默的人往往思路敏捷、反应迅速，就算在复杂的环境里，他们也能妙语惊人，最后化险为夷。

有一天，拿破仑在野外打猎，忽然听到远处有人呼救，他循声走去，发现一个人落水了。于是拿破仑毫不犹豫地举起枪，大声叫道："喂！听好！你要是不爬上来，我就开枪打死你！"那个人听了，顿时忘记落水的危险，马上使出全力向岸边游去。上岸的第一句话就是："你不救我也就算了，为什么还要开枪打死我？"拿破仑从容不迫地回答说："假如刚才我不吓唬你，你就不会奋力游上岸，又怎么能脱险呢？"

有时候，幽默中所彰显的睿智并不仅仅体现在能言善道中，而是传递了一种积极乐观的生活态度，只要我们掌握了幽默的智慧，就会感受到其中的快乐。在上述案例中，我们应该佩服拿破仑的幽默，在那个危急的时刻，他急中生智想出了救人的最好办法，他当然知道，当一个人在受逼迫的时候，所爆发出来的潜能是惊人的。

1944年3月25日，富兰克林·罗斯福第四次连任美国总统。《先锋论坛》的一位记者采访他，就他连任总统之事问他有何感想。罗斯福笑而不答，请记者吃一片三明治。记者觉得这是一种殊荣，很快就吃下去了。罗斯福请他再吃一片，记者觉得这是总统的恩赐，也就把它吃了。罗斯福又请他吃第三片，记者受宠若惊，虽然肚子已不需要了，但还是硬着头皮吃下去了。罗斯福微笑着说："现在已经不用回答您的提问了，因为您已经有了亲身的感受。"

在这个案例中，仅仅一句简单的话以及意味深长的行为，就可以看出幽默是一种智慧的体现。可以发现，罗斯福的学识是广博的，一个人只有具备广博的知识、深邃的见识，才能谈资丰富、妙语连珠。试想，假如面对记者的提问，罗斯福只是直接地告诉他答案，那根本无法产生幽默效果，而让记者接连吃三片三明治，然后再说自己连任总统的感觉就是这样的，这样一来，幽默感就产生了。

在第二次大战期间，许多美国士兵离乡背井，投入欧洲战场，只能借书信聊解思乡之情。

有个美国士兵接到家乡女友的来信，欣喜地拆开展读后，脸上的笑容顿时僵住了。

原来他日思夜念的女友在信中提到，她已经有了新的男朋友，想借这封信结束彼此的来往，并请他将以前寄给他的相片寄还给她，以免日后徒生困扰。

美国士兵恼怒了几天，心情终于平静下来，他立即向随军护士及女性军官索取相片。他将索取的10余张相片全部寄回给女友，并附了一张短笺："这些都是我女友的相片，我忘了哪张是你的。请自行选取出你的相片，其余寄回。"

原来，幽默不仅仅是一种头脑的智慧，更是一种生活的智慧，这样的智慧可以让人忘记仇恨。有人曾说："幸福就是健康加上坏记性。”在现实生活中，每天我们都可能遇到一些不顺心的事情，假如把每件事都记在心里，那会累坏自己。而幽默，会让我们有一颗宽容、豁达的心。在上面这个案例中，面对女朋友的背叛，他选择了报复的方式，只是在这其中增加了幽默，这会让他那已经变心的女朋友产生啼笑皆非的反应。也或者，在他收集那些照片的过程中，已经结识了不错的新的女性朋友，也算是一件好事了。

本杰明·富兰克林积极地参与了《独立宣言》的起草，为了争取黑人解放发表过演说，为建立美国的民主制度进行斗争。当时，他在指责一项有钱人才有资格当选为议员的法律时说：“要想当上议员，就得有30美元。这么说吧，我有一头驴它值30美元，那么我就可以被选为议员了。一年以后，我的驴死了，我这个议员就不能当下去了。请问究竟谁是议员呢？是我，还是驴呢？”

在这个案例中，本杰明最后所列举的比喻是很恰当的，有效地达到了讽刺的效果。假如驴也可以当选议员，那这个世界会成什么样呢？通过自己的假设，所得出的结果是荒唐的，以此取得了喜剧的效果。实际上，真正的幽默，是机智百变、妙趣横生的，让人在嬉笑之余忍不住揣摩其中的滋味，然后有一种茅塞顿开的感觉。这比简单地说个笑话给人带来的启发性大得多。

幽默，是一种难得的自信

幽默的人总是自信的，一个自卑的人是无法幽默的。因为在幽默的表达方式中，自嘲是幽默最高的境界，而敢拿自己开玩笑的人绝对是自信的，所以我们说幽默是一种难得的自信。当我们评价某人“这个人很幽默”，可以认为是对这个人很高的赞赏，幽默不仅展现了这个人个性随和、可亲，更显示了其高度的智慧、自信。例如，一位出版社编辑，当别人讥笑他聪明绝顶时，他居然指着自己的光头笑着说：“不，早就绝顶了。”试想，假如他不具有相当的自信，怎么可能用别人的话来嘲笑自己呢？假如他是一个自卑的人，听到别人的嘲讽早就翻脸了。大量事实证明，越是自信的人，越富有幽默感；越是自卑的人，就越难以容忍幽默的存在。那些不懂得幽默的人，是因为色厉内荏的自卑。

自信的人即便别人骂自己，他也会觉得没事，就好像衣服上沾了灰尘，随手抖抖就没事了。因为他知道，不管别人怎么说，自己永远是自己，自己身上的能力与才气不会因为别人的几句话而消失不见，这样的人是自信的。当然，因为自信所以铸就了他们的幽默。

幽默的人是自信的，因此他们常常成为交际场合中的焦点。不管是被人揶揄还是被人讽刺，他们都能够谈笑自如，假如没有足够的自信是做不到这一点的。在日常交际中，一个有自信的人，他们在交际场合中不会感到胆怯，而且在别人的打击下还能保持镇定的态度，这些都是幽默的前提条件，而且是必需的基础。当然，一个幽默的人肯定是一个自信的人，而一个自信的人却不一定是一个幽默的人，那是因为虽然自信是幽默的要素之一，但幽默并非自信的要素之一。

有一次，普希金宴请客人，在座的一位客人对他说："亲爱的普希金，一望而知你的腰包装得满满的。"普希金十分幽默地回答说："自然我会比你阔气些，你有时候闹穷，必须等家里寄钱给你，而我却有永久的进款，是从那32个俄文字母上来的。"

爱迪生的儿子在竞选州长时，不想利用父亲的声誉来抬高自己。因此，他在做自我介绍时这样解释说："我不想让人认为我是在利用爱迪生的名望，我宁愿让你们知道，我只不过是我父亲早期实验的结果之一。"

对于具备幽默细胞的人，生活随处都是幽默，自信的他们总是能将那些幽默的元素随手拈来，不矫揉造作。就好像爱迪生的儿子可以大声说："我只不过是我父亲早期实验的结果之一。"这句话是事实，其中却透露出某些自信，他不介意这样说自己，那是源于他内心无比的自信。

只有无比自信的人，才能对他人的讥讽做谈笑自如的回击，他们当然相信自己，而从来不会怀疑自己。只有那些不够自信的人，在面对他人谩骂、讽刺的时候，才会像被说中一样窘迫、害怕，于是他们恼羞成怒，甚至以更恶劣的语言还击对方。其实，当对方故意对你进行言语攻击的时候，假如看到你的心情真的受了影响，那对方是会暗自窃喜的，因为他们的目的达到了。

虽然，自信的人并不一定是幽默的，但假如你想成为一个幽默的人，假设你现在还很自卑，还很胆小，那就先学会增强自己的自信心。只有当你有了足够的自信，才有勇气拿自己开涮，才会展现出幽默的效果来。当然，在这个过程中，我们还需要凑足所有的幽默要素，诸如乐观、积极、敏锐的观察力和思考力等，这样才能真正地成为幽默达人。

幽默，是一种优雅的人生态度

在生活中，我们都知道那些心情不好、情绪很差的人，绝对是笑不起来的，因为他们心里总是充满烦恼。而那些心里充满质疑的人，从他们的话里肯定感受不到春天的气息，因为他们句句带刺。那些整天闷闷不乐、牵肠挂肚的人，他的话里也是永远化不开的浓雾。只有那些有着优雅人生态度的人才会笑口常开，只有心怀坦荡的人才会口出妙语，他们的话里总是带着含蓄的爱，话未出而意先到，还带有对自己不失尊严的戏谑。

一群艺术家聚会，先是各自炫耀最近得了多少版税、有多少约稿应付不过来。再谈到京城房价之高，并不失时机地表露出自己的房子有多大。这时，有人看到一个诗人一言不发，便问诗人住在哪里。

诗人回答："我没有家。"一个聚会者感叹说："唉，当今诗坛不景气，诗卖不到几文钱，成家很难啊！"另一个插嘴："诗人太浪漫了，到处去找灵感，怎么能有'家'呢？"诗人回答："在座都是小说家、音乐家、书法家，当然有家，没有人称呼诗人为'诗家'，所以诗人没有家是正常的。"

那些到处炫富的人内心是无比虚荣的，他们最希望听到的是别人多么羡慕自己的生活。生活富足的他们常常自以为是，他们总是喜欢吹嘘自己有多成功，家里的房子有多大，平时用的是什么国际牌子，开的车是进口的还是国产的。他们在吹嘘自己的同时，还会假装对那些生活不怎么样的，被他们归为不成功的一类人"嘘寒问暖"，假惺惺地为他们寻找一大堆客观理由，其实他们心里已经在偷笑了：我就是比你成功，像你这样落魄的人怎么可能成功呢？在这个案例中，正是出现了那些喜欢炫耀的人的嘴脸，当他们知道诗人没有家的时候，便会假装安慰，其实他们想听到诗人在承认自己确实失败的同时，对那些有钱人的敬佩。然而，最终他们的愿望落空了，因为诗人没有家的理由是出人意料的，因为“诗人”这种称谓里没有“家”。在这个充斥着铜钱味的社会里，许多人快承受不住了，他们早已失去了最初的宁静，面对各种诱惑，他们已经无法优雅了，唯有诗人，还以独有的幽默行走于世间。

美国前总统安德鲁·杰克逊曾经同本顿决斗，本顿一枪击中了杰克逊的左臂，子弹一直留在里面近20年。

到医生取出子弹的时候，本顿已经成了杰克逊热情的支持者。杰克逊建议将子弹归还本顿，但本顿谢绝接受，说20年的保管期，已使产权发生了转移，子弹的所有权当属杰克逊了。而杰克逊说自从上次决斗到现在只有19年，产权关系没有发生变化。本顿回答说：“鉴于你对子弹的特别照管——始终随身携带——我可以放弃这一年。”

无为无欲的阳光普照了大地，但却造就了大地的生机勃勃。富于幽默的人说的话虽然憨傻，但他内心却是无比透明的，因为豁然开朗，所以活得优雅。在交际中，假如我们仔细去揣摩别人话语中的幽默，那我们可以在自嘲或天真的话语中感受到幽默者敦厚的天性以及无比的智慧。幽默是一种人生优雅的姿态，这是人生最好的姿态。正如亚里士多德曾说：“幽默发现正面人物在个别缺点掩饰下的真正本质。我们正是这样不断地克服缺点，发展优点，这也就是幽默对人的肯定的力量之所在。”

有小偷半夜去穷困潦倒的作家巴尔扎克家里偷东西，巴尔扎克被惊醒之后，对忙着到处找钱的小偷说："别浪费精力找钱了，我白天都找不到，你在晚上就更找不到了。"

在这里，幽默所展现的就是一种优雅，一种宽阔胸怀的优雅。幽默的人并非超脱世外，而是拥有积极豁达的人生观念，这样的人将以一种优雅的姿态活着。那些不具备幽默感的人是无法优雅的，他们更不会积极乐观地看待自己的生活。当我们学会乐观地看待自己的生活，那优雅的幽默就自然而生了。能成为一个优雅的幽默家，主要在于三个方面：平等的待人态度，从来不自认为高人一等，保持一颗平常心，学会尊重他人；有宽广的胸襟，虚怀若谷，闻过则喜；能够仁厚待人，容人之过。

幽默，是一种霸气的领导力

幽默，可以说是一种霸气的领导力。在很多时候，幽默不仅仅能给下属带来快乐和欢笑，还能够有效地提升领导者的威望。例如，在面对记者犀利的提问时，领导者若能机智而幽默地回答，不仅表现出领导者的聪明才智，也为自己赢得了荣誉。在美国内战时期，官兵们误认为敌人的兵力是自己的3倍，顿时，士气低落，当问到敌方有多少兵力时，林肯毫不犹豫地说："120万。"接着，他解释说："每当我们的将领打败仗时，总认为敌人是我们3~4倍的兵力，现在我们的兵力是40万，那么，如此以3倍计算，不就是120万了吗？”在这里，林肯委婉地批评了军官们盲目地埋怨和恐慌的情绪，以幽默的方式坚定了士兵们的信念，鼓舞了士气，使军官们消除了心中的疑虑，重新振作起精神。

有一位年轻人新近当上董事长，上任第一天，他便召集公司员工开会。他自我介绍说：“我是麦克，是你们的董事长。”然后打趣道：“我生来就是个领导人物，因为我是公司前董事长的儿子。”参加会议的人都笑了，他自己也笑了起来。

在美国历史上有许多重要的人物，如林肯、罗斯福、威尔逊等，他们都是幽默感十足的人。或许，我们无法准确地说这些重要的人物是以什么样的理由被永久地刻在史册上，但我们却清楚地明白，幽默绝对可以说是理由之一。因为幽默感会快速地提升一个人的领导力。在上面这个案例中，麦克以幽默来证明他能以公正的态度看待自己的地位，并对之具有充满人情味的理解。实际上他委婉地表示了：正因为如此，我更要跟你们一起好好地干，让你们改变对我的看法。领导者当然会明白幽默的价值就是让人开心，从而赢得他人的好感。许多善于幽默的领导者都以引人愉悦而著称于世，可以说幽默已经成了他们的领导力之一。

有一天，威尔逊为了推行其政策，在一个广场上举行公开演说。当时广场上聚集了数千人，突然从听众中扔来一个鸡蛋，正好打中他的脸。安全人员马上下去搜寻闹事者，结果发现扔鸡蛋的是一个小孩。威尔逊得知后，先指示员工放走小孩，后来又马上叫住了小孩，并当众叫助手记下小孩的名字、家里的电话与地址。

台下听众猜想，威尔逊是不是要处罚小孩子，于是开始骚乱起来。这时威尔逊要求会场安静，并对大家说："我的人生哲学是要在对方的错误中去发现我的责任。方才那位小朋友用鸡蛋打我，这种行为是很不礼貌的。虽然他的行为不对，但是身为首相，我有责任为国家储备人才。那位小朋友从下面那么远的地方，能够将鸡蛋扔得这么准，证明他可能是一个很好的人才，所以我要将他的名字记下来，以便让体育大臣注意栽培他，使其成为我国的棒球选手，为国效力。"威尔逊的一席话，把听众都说乐了，演讲的氛围也更加融洽。

看到故事的结尾，我们会说什么呢？或许有人会说，威尔逊根本小题大做，故弄玄乎。不论怎样，风趣的威尔逊不仅善于从孩子的过错中发现其优点，同时积极地寻找有效的方法。这样不但让之前的不愉快变淡了，而且还将一件糟糕的事情变成了一件好事，他在帮助自己摆脱窘境的同时，还提高了自己的领导力。

当上下级之间发生了一些不愉快的事情，领导恰当的幽默技巧可以快速化解矛盾，使人际关系变得融洽而畅通。当然，幽默是一个人智慧的表现，是修养、学识、品格等方面的结晶。一个领导者只有平时善于学习、善于观察、善于积累，不断地充实和丰富自己，才能学会幽默这门艺术。

第四篇

玩转职场，幽默的人最受欢迎

第10章　轻松赢得掌声：玩转幽默做受欢迎的职场人

在日常工作中，我们发现大多数上班族的压力来源于办公室的人际关系。当然，我们更容易发现，那些善用幽默的人，通常晋升快，薪水涨幅大，同事好评如潮。既然幽默感有如此大的功用，我们何不在职场中做一颗开心的糖豆，保持一种愉快的心态，玩转职场幽默，让自己成为职场中最受欢迎的人。

以幽默的方式做自我介绍

在日常工作中，不管是初入职场，还是与客户见面，我们做得最多的就是做自我介绍。如何别开生面地介绍自己，给领导和同事留下一个深刻的印象，这才是自我介绍的重点。当然，我们一定不能拒绝幽默的介绍方式，两三句幽默而诙谐的语言，这不仅是特别的自我介绍，而且很容易吸引他人的眼球，从此便记住了你。因为你的幽默，他们会记住你的名字，以及你身上风趣的品质。在职场中，我们不可缺少幽默的介绍方式，只有这样我们才能在最短的时间内赢得最多的信赖与好感。因为，当你的两三句幽默一出口，便奠定了你在职场受欢迎的地位。

这是小周上大学第一天的自我介绍，我们可以借鉴一下：

各位同学好！小女初长成，学得深闺中，课业语文马马虎虎，相对数学一塌糊涂，承蒙大家关爱有加，得以在此一展风姿，真是幸会幸会。若您有兴趣与我畅谈大千宇宙世界，请不要摇头害羞，尽管放马过来吧！

在职场中，诙谐幽默总是让我们快速拉近与陌生人之间的距离，不论在什么情况下，只要我们具备幽默的品质，我们就一定能出类拔萃，就一定是受欢迎的人。在上面这个自我介绍中，可以说几句简单风趣的话就将自己的形象展示于人，而且风趣中有谦虚，令人在莞尔一笑之余还能敬佩其谦和的态度。只是几句风趣的语言，已经赢得诸位老师和同学的喜欢。

小张星期五下午去参加了一个面试，不知道是忘记了还是其他原因，小张竟然穿着牛仔裤。经过口语听力测试、电脑水平测试之后，那位美国人的表情似乎在告诉小张："我非常满意。"不过，那位美国人突然问道："请问你为什么穿牛仔裤来参加面试？"小张愣了一秒，急中生智，快速答道："今天不是周五吗？周五不是casual day（便装日）吗？"果然，那位美国人听罢哈哈大笑，小张自然顺利地得到了这份工作。

当我们初入职场的时候，面试是一个很关键的环节，而面试中的自我介绍则是重中之重。假如我们急中生智来几句幽默，定会给对方带来欢笑之余顺利过关。例如，有人去一家大公司应聘一个很不错的职位，结果把简历寄去了大约两周，对方就将抱歉信发给了他，或许是由于系统错误，对方连发了两封抱歉信，结果，这个人毫不犹豫地回了一封信：“既然您对未能录用我如此遗憾，为什么不给我一次面试机会呢？”可能是如此诙谐的回复逗乐了对方，后来这个人竟然得到了这个公司另一个更好职位的面试机会。有时候，幽默的自我介绍，可以助我们在职场之路走得更远、更稳。

有位老师微胖，因此她在接手新班级时便自我介绍说：“我最大的特点就是能够超水平地发挥带头作用，出门的时候，你们跟在我后面，夏天晒不着太阳，冬天吹不到冷风，怎么样，欢迎我这个带头人吗？”

又如，有位老师很矮，他就对学生说：“我一无所长，却身不由己，但民主意识很好，与同学平起平坐，绝不会高高在上，小心我会借你的漂亮小衣服来穿。”

还有一位姓梁的老师，他每到一个新的班级，就会在黑板上写下 “梁”“粱”两个字，让下面的学生说说这两个字的区别，等学生说完，再介绍自己姓梁，是栋梁的梁，让他们别把这个字写成高粱的粱，把老师当粮食给吃了。

当老师新到一个班级，要想和同学打成一片，就应该利用幽默的自我介绍。在上面所列举的三个案例中，老师以极度夸张的手法来嘲讽自己的某种缺点，在学生面前主动自嘲以体现老师心灵的豁达与乐观，同时也以幽默缩短了与学生的心理距离。

在日常工作中，我们需要自我介绍的场合有很多，第一次见领导，初次见同事以及会见客户等。虽然，这只是一个简单的自我介绍，却会影响到日后你在办公室里的人际关系。假如我们在做自我介绍时能融入几句幽默诙谐的语言，自然会令人耳目一新，适时打动在场的人。

谈吐幽默，打动同事心

在工作中，幽默的谈吐总能给同事的闲聊锦上添花，让大家的交流变得其乐融融，自然而然，那些富于幽默的人也就受到同事的欢迎。或许，大多数人习惯性认为同事不是朋友，觉得与同事没什么共同话题，更有的人觉得同事之间的关系因为利益的存在而变得十分微妙。当然，我们不能完全把同事当朋友，但也不至于造成与同事之间的对话是 “今天天气怎么样”这样的场景，毕竟，同事一场，就是朝夕相处的工作伙伴。对方的情绪、心情都将影响彼此的合作，因此，我们有必要让同事保持愉悦的心情。在工作中，我们不要太拘谨，否则，我们的工作就显得更枯燥了，生活也会更乏味。那么，与同事在一起的时候，不妨添加一些幽默元素，增添一些闲聊的乐趣，这样我们的日常工作也会变得多姿多彩起来。

同事老王很喜欢抽烟，不过他为人十分吝啬，不喜欢分烟给其他同事，别的同事每天都在办公室发烟，他却偷偷抽自己的。有一天，有一个同事在办公室发烟，老王像平时一样伸出两根手指，可是那位同事却从他身边绕了过去。老王尴尬之余，赶紧替自己解围："我，我二号出差。"

同事之间，难免会遇到难堪的场景，假如我们处处计较，不懂得化解彼此之间的尴尬，那就有可能影响到同事之间和谐的关系。一旦同事之间有了矛盾，彼此怀着情绪做事情，定会给工作带来一定的影响，到时候受批评的也是大家。因此，一旦与同事之间处于尴尬的场景，我们就要善于用幽默去处理，化解紧张气氛，与同事之间建立友好和谐的关系。

最近连续下了五天的雨，公司几个同事在一起闲聊天气。

一个说道："最近怎么一直下雨呢？"一位老实的同事规规矩矩地回答说："是啊，都五天了，这样下去什么时候才结束啊？"这时一位喜欢加班的同事说："龙王爷竟然连日加班，看来是想多捞点奖金了。"一位喜欢关注市政的同事接着说："玉帝也太不称职了，天堂的房管所坏了，都不派神仙去修，总是漏水。"这时，一位喜欢文学的同事接着说："嘘，你们小声点，别打扰了玉皇大帝读长篇悲剧。"

诸如案例中一样，同事闲聊之余加上一点幽默色彩，不仅让几句简单的谈话显得更加生动，而且让参与的人在幽默风趣的气氛中放松了心情。假如几个同事刚刚完成一件工作，疲惫不堪，这样闲聊几句，嬉笑之余也会减轻身体和心理的疲惫，接下来，他们就会以更大的精力去应付下面的工作了。

小李最近感觉身体很不舒服，下午请假去了医院检查身体，回来兴高采烈地宣布："医生说啥事没有，可能就是最近太累了，休息休息就好了。"

同事问道："检查花了多少钱？"小李回答说："500多吧。"同事笑着打趣说："挺好，难得有这种白花了钱还这样高兴的时候。"

有时候，同事之间的幽默只是为了开心，当发现身边的同事有什么搞笑的事情，急中生智，几句诙谐的语言脱口而出，惹得其他的同事哈哈大笑，这就是幽默所带来的功效。办公室是一个压抑的场合，堆积如山的文件，整齐的白衬衫，这些都让我们憋闷，假如能给这种沉闷的空气吹来一丝凉风，那该是多惬意的事情啊！而幽默恰恰有这样的作用，当我们在忙碌的工作之后，幽默地闲谈几句，那就有效地达到了目的。

麦克在一家会计公司任职员。有一次发薪水，他竟然收到了一个空的薪水袋。不过，他并没有暴跳如雷，也没有破口大骂，而是以轻松愉快的口吻去问发薪水的人："怎么回事？难道说我的薪水扣除，竟然达到一整个月吗？"同事笑了，当然，麦克的薪水得到了补发。

在案例中，麦克以一种宽容的态度对待同事偶尔犯的错误，并用自己的幽默与同事分享了自己轻松的心情，自然麦克是受欢迎的。在职场中，同事之间因为各种原因产生一些矛盾是比较正常的，不过，出现了矛盾并不要紧，关键在于要尽快以轻松幽默的方式将这些矛盾化解，否则，一些小小的冲突也会成为我们的职场大患。在化解矛盾的时候，假如我们以幽默调节，事情就很有可能得到解决；假如我们需要改善同事对自己的态度，也可以利用幽默的语言来表达自己的观点。

以幽默语言巧妙应对领导

在工作中，与领导相处时，作为下属会不由自主地紧张，好像说什么话都觉得不妥当，担心自己说错话、做错事。其实，在这时我们很有必要以幽默的语言来应对。幽默的语言，一方面可以缓解我们紧张的心情；另一方面，也可以恰到好处地应对领导的责问。与领导交流时若是用到了幽默的语言，可以活跃谈话气氛，消除紧张的情绪；还可以在尴尬中找个台阶，保住面子，赢得领导的青睐。

在一个中秋佳节，乾隆皇帝在御花园召集群臣赏月。他一时兴起提出要与纪晓岚对句集联，以增雅兴。一向自恃才高八斗、文思敏捷的乾隆先出了上联：玉帝行兵，风刀雨剑云旗雷鼓天为阵。出完了上联，乾隆踌躇满志地望着纪晓岚，看他如何对下联。

纪晓岚沉思片刻，对出了下联：龙王设宴，日灯月烛山肴海酒地作盘。明眼人都看得出，纪晓岚的下联不但工整，而且气势宏大，和乾隆所出的上联简直有过之而无不及。可是，乾隆听了下联，脸色开始变了，阴沉着脸。这时纪晓岚当然明白乾隆的心思，俗话说："伴君如伴虎。"一向好胜的乾隆，怎么容得下自己所出的下联呢？看来自己不该一比高低，否则弄不好会引来杀身之祸。

面对这样的情况，纪晓岚心里也很着急，但他并非等闲之辈，只见他灵机一动，巧舌如簧："皇上贵为天子，故风雨雷电任凭驱策、傲视天下；微臣乃酒囊饭袋，故视日月山海都在筵席之中，不过肚大贪吃而已。"听到纪晓岚这一番话，乾隆刚刚消失的得意之色再露，笑着对纪晓岚说道："爱卿饭量虽好，如非学富五车之人，实不能有此大肚。"

在案例中，纪晓岚适度的自嘲，不仅仅是一种良好的修养，同时还为自己化解了一场危机。在平时工作中，自嘲可以制造宽松和谐的交谈气氛，可以让自己活得更轻松洒脱，让领导感受自己的幽默和风趣，同时，还可以有效地维护领导的面子，建立沟通双方的心理平衡。

有一次，纪晓岚光着膀子与人在军机处聊天，正巧乾隆带着几个随从突然到访，其他人一见皇帝来了，连忙上前接驾，躲在后面的纪晓岚心想：如果自己就这样光着膀子接驾，岂不是亵渎了万岁之罪？可能，皇帝并没有发现自己，还是先躲一下为好。于是，情急之下，纪晓岚钻到桌子底下藏了起来，其实这一举动早已被乾隆看在眼里，他故意装作没看见，在椅子上坐了下来。

纪晓岚在桌子底下缩成一团，大汗淋漓，却不敢出声，过了很长时间，他没听见乾隆说话的声音，以为他走了，就问身边的同僚："老头子走了没有？"这话被乾隆听见了，他厉声问道："纪晓岚，你见驾不接，我且不怪罪于你，你叫我'老头子'是什么意思？你要一个字、一个字地给我说清楚，否则，别怪我无情！"纪晓岚吓得半死，连称："死罪！死罪！"接着，慢慢解释道："万岁不要动怒，奴才所以称您为'老头子'，的确是出于对您的尊敬。先说'老'字，'万寿无疆'称'老'，我主是当今有道明君，天下臣民皆呼'万岁'，故此称您为'老'。"

乾隆听了点点头，纪晓岚继续说道："'顶天立地'称为'头'，我主是当今伟大人物，是天下万民之首，'首'者，'头'也。故此称您为'头'。至于'子'字嘛，意义更明显。我主乃紫微星下界，紫微星，天之子也，因此天下臣民都称您为天'子'。"乾隆听了，笑了，这事就这样过去了。

随口所说的几句话，使得纪晓岚与皇帝之间发生了一点点小误会。但对象可是皇帝，那可是严重的事情，若不及时化解，弄不好脑袋会搬家的。幸亏纪晓岚思维敏捷，对待这样的小误会，慢慢解释，仅仅用了几句话就化解了，补救了自己因无心造成的过失。在回应皇帝的过程中，纪晓岚言语诚恳，态度谦逊，语言幽默风趣，以灵敏的应变能力巧妙地化解了话语失误造成的难堪，从而受到了乾隆皇帝的肯定。

在与领导相处的过程中，假如是言语或行动造成的失误，我们都可以用幽默语言来化解。当然，这其中需要灵敏的思维以及绝妙的技巧。但只要你懂得随机应变，就能够顺利地化解自己与领导之间的小误会，从而扫除上下级之间的障碍，与领导之间展开顺利的交流与沟通。

幽默营造良好的工作氛围

兰卡斯特大学的组织心理学教授卡里·库泊曾说："懂得在恰当的时候逗一逗乐子，能让人们知道你很坦诚、可爱，不是什么像机器人一样的技术专家，如果你仔细观察他们，会发现许多首席执行官都知道应该什么时候打出幽默这张牌。"在日常工作中，要让大家开心，同时让大家喜欢自己，最简单的办法就是让他们发笑。毫不否认，在工作场合展现一点幽默会有助于我们的职业发展。幽默是影响他人的绝妙方法，也是营造和谐办公室最有效的空气清新剂。有时候，忙碌了一天，身体已经疲惫不堪了，假如这时同事面面相觑不说话，那办公室里肯定充满着严肃而窒息的气息，这时不妨开个玩笑，说几句幽默的话，自然会为办公室营造良好的工作环境。

有一次，小周带儿子到公司来玩，那孩子特别调皮，来到办公室就玩上了电脑，没想到几秒钟的工夫就把电脑的鼠标摔坏了。小周十分生气，抬手就给孩子一巴掌，声音很响。这时40岁的张姐“噌”地跳起来，指着小周的鼻子大叫：“你干吗打孩子，你的手怎么这么欠呢？”这一大嗓子，办公室的人都蒙了，小周这个愣头青更是气得不行，这时又见张姐指着孩子，不依不饶地说：“你知道你这一巴掌起什么作用吗？这孩子原本可以当大学教授，就这一巴掌，把个好端端的大学教授打没了。”听了张姐的话，周围的同事哈哈大笑，小周也乐了，说道：“大学教授？他有那个脑袋，太阳就得打西边出来了，张姐你可真会说话。”

事后，张姐对同事小李说：“我是见不得打孩子，但话一出口，也觉得冒失了，可又不好意思把话收回去，于是就来了个脑筋急转弯。”

在这个案例中，如果张姐当时只说了前面那句话，小周肯定会气得大骂起来，毕竟着急的张姐确实说了一句冒失的话。不过，好在幽默的张姐急中生智，说出了后面那句话，不仅化解了难堪，而且使办公室重新回到了和谐的状态，自然，这样对于提高工作效率也是很有帮助的。

公司有一位主管，中年有为，风度翩翩，可以说是不少女职员的梦中情人。有一个女职员总喜欢与这位主管套近乎，引得同事们纷纷议论。对此，总经理希望秘书可以提醒那位主管一下，秘书接到这个任务就犯愁了："这事儿叫我怎么开口呢？"

有一天，总经理、秘书和主管在办公室聊天，那个女职员兴冲冲地推门进来，看见总经理也在，觉得十分尴尬，就悄悄地退了出去，这时主管也感觉浑身不自在。

过了一会儿，只听秘书好像插科打诨一样，念了一句苏小妹给秦少游出的对联："闭门推出窗前月。"总经理悄悄瞄向主管，只见那位主管若有所思，片刻后接了句"投石击破水中天"，然后接着说："这秦少游还得感谢苏东坡呢。"顿时，秘书和主管相视而笑。

职场中的幽默，就好像空气清新剂，不仅能活跃气氛，给工作带来乐趣，还可以巧妙化解矛盾，传递信息，从而使彼此之间的关系更加和谐融洽。在这个案例中，苏三妹为难新郎的一个对联，就委婉地表达了对主管的提醒，而主管也含而不露地接受了。从那以后，主管开始注意自己的言行，把苗头扼杀在萌芽状态。

最近，办公室里的所有人上班特别容易犯困，每个人的精神状态都不佳。经理见状，把职员们召集到厂区的操场上，要求每位员工围着操场跑上6圈，用来提神解困、增强体质。

小王平时就缺乏体育锻炼，当跑到第4圈的时候，他已经累得上气不接下气。于是，小王壮着胆子向经理撒谎道："报告经理，我都已经跑9圈了，为什么还不让我停下来啊？”经理故作惊讶地说：“是吗？那怎么办？我怎么好意思让你吃亏呢？那这样，你现在立即向后转，再跑3圈，这叫多退少补！”

这位员工原以为自己撒谎就可以停止跑步了，结果没想到经理幽默了一句“我怎么好意思让你吃亏呢”。试想，在这样的情况下，即便小王再没力气跑下去，心情也会大好的。幽默，可以为我们营造一个良好的工作氛围，在愉快而轻松的气氛中，大家觉得工作还会枯燥吗？

第11章　管理者的幽默：令下属马首是瞻的有效手段

在日常工作中，领导所具备的幽默蕴含着一定的亲和力，能够拉近与下属之间的心理距离；而幽默则会给我们的生活带来笑声，带来欢乐。幽默的管理智慧，是卓越领导者必备的技能，如此，才能更好地做管理工作。

幽默，拉近与下属之间的距离

美国曾做了这样一项调查：针对1160名管理者的调查结果表明，77%的领导者在员工会议上用讲笑话的方式来打破僵局，52%的领导者认为幽默有助于自己开展业务，50%的领导者认为企业应该考虑聘请一名“幽默顾问”来帮助员工放松。可以说，对领导者而言，幽默已经成为一种新的、有效的主流管理时尚。对一个刚刚晋升的领导者，假如说要在最短的时间内与下属缩短心理距离，那绝佳的办法就是幽默。心理学家认为，感情是人对客观事物好恶倾向的内在反映。因为感情，人与人之间建立了良好的感情关系，便能产生亲切感。通常情况下，如果人与人之间有了亲切感，那彼此之间的吸引力就会增大，影响力也会逐步放大。而幽默恰恰是富含亲和力的，因为它可以引人发笑，当人们在欢笑之余，彼此之间的距离自然就拉近了。

经理带了员工小王和小李到外地出差。第一天午餐，经理让小王去买了三个盒饭和一只烧鸡。小王和小李各自抢先掰了个鸡腿。第二天午餐，小王又买了三个盒饭和一只烧鸡，小王和小李又抢先把鸡腿拿在手里。

第三天午餐买饭时，经理发话了："我说小王啊，您就不能买只有三条腿的鸡吗？"

领导平时说话幽默风趣，从自己的语言表达中，时刻体现出自己积极乐观的心态，这份亲和力，使得领导与下属的关系越来越融洽，与此相应，领导的影响力就会越来越大。相反，如果领导说话太严肃，缺乏幽默感，就会使他与下属的关系紧张，这样势必造成彼此之间的心理距离，而这样的心理距离会形成一种心理对抗力，一旦超过某种限度，会使得上下级的关系变得越来越恶劣。

玛丽·凯创办了一家知名的化妆品公司，为了扩大自己公司产品的影响，玛丽·凯女士坚持用自己公司生产的化妆品，同时，她建议公司的员工不要使用其他公司的化妆品。在她看来，她是不能够理解凯迪拉克轿车的推销员开着福特轿车到处游说，人寿保险公司的经理自己不购买保险。不过，她在与员工交流此类的问题时，较好地使用了"亲和力"。

有一次，玛丽·凯发现一位经理正在使用另外一家公司生产的粉盒以及唇膏。于是，她借机走到那位经理桌旁，微笑着说："老天爷，你在干吗？你不会是在公司使用别的公司的产品吧？"玛丽·凯的口气十分轻松，脸上也洋溢着微笑。那位经理的脸红了，急忙放下手中的化妆品，显得很不好意思。过了几天，玛丽·凯送给那位经理一套公司的口红和眼影膏，对她说："如果你在使用过程中觉得有什么不适，欢迎你及时地告诉我，先谢谢你了。"没过多久，公司所有的员工都有了一整套本公司生产的适合自己的化妆品和护肤品。对此，玛丽·凯女士亲自向员工们做了详细的使用示范，同时，她还告诉员工："以后你们购买本公司的化妆品是可以打折的哦。"

玛丽·凯极富幽默的语言表达，拉近了她与员工的心理距离，在这一过程中，她向员工成功地灌输了自己正确的经营理念。在工作中，我们经常会听到这样的议论："我们单位的领导，官虽然只有芝麻那么大，架子倒是摆得不小，其实，他越是这样子，我们就越懒得理他。""你们单位的领导说起话来怎么老是那样子，拿腔拿调，真让人受不了。"

对于说话爱摆架子的领导，下属会心生反感，且不愿意与之亲近。假如领导适时幽默两句，不仅体现了自己的亲和力，而且拉近了与下属之间的距离。

善用幽默，轻易打动下属心

幽默是一种值得推崇的心理特质，而那些具有幽默感的领导往往更容易捕获下属的心。古今中外，无论是民族领袖还是企业总裁，如果能适时展露自己的幽默，必然会受到下属更多的爱戴。美国著名心理学家吉尔福特通过大量研究发现，具有较高创造力的人往往具有这样的特点：独立性高、求知欲强、好奇心重、知识面广以及丰富的幽默感。而对于领导者来说，幽默感是亲和力的直接表现，是与下属沟通的金钥匙。简单地说，懂幽默的领导，更容易捕获下属的心。幽默领导力，就是指领导通过轻松幽默的方式来化解尴尬、窘迫局面的能力。在现实工作中，做好领导工作就必须先做好沟通工作，而幽默风趣往往能使沟通更顺畅有效，使下属在幽默中得到启示，在欢声笑语中接受建议。

运用幽默来管理下属，领导者往往可以取得很好的效果。一些著名的跨国公司，上自总裁下到一般部门经理，已经开始将幽默融入日常的管理活动中，并把它作为一种新的培训手段。这是因为每个人都愿意与幽默的人相处，在西方，没有幽默感，简直就是愚蠢、缺乏魅力的代名词。有经验的领导都知道，要使下属能够与自己齐心合作，就有必要通过幽默使自己的形象更加人性化，如此，才能更好地俘获下属的心。

有一天，王经理为活跃团队文化生活，组织员工联欢，请大家唱歌。不过，大家互相推诿都表示“唱得不好”，一时之间出现了冷场。对此，王经理十分不满，强调指出：“今天唱歌有一个要求，那就是谁都不许唱得好听，必须怎么难听怎么唱，越难听越好！”然后，王经理要求新职员小枫唱第一首歌，小枫不得不唱。等小枫唱完，王经理带头鼓掌喝彩：“好！唱得非常好，完全符合我的要求！”王经理几句幽默的话，使联欢进行得特别顺利，大家玩得很高兴。当然，下属们也喜欢上了王经理。

在案例中，王经理为了团结下属，让大家相聚，虽然出现了冷场，但王经理的幽默化解了紧张的气氛。这样的幽默让下属感到很亲切，同时还能打破冷场。由此可见，恰当时机的幽默可以看出一个人的睿智。在这里，幽默就好像一把钥匙，会打开下属心中的锁，巧妙地运用它，不但会打开彼此心中的结，同时还会增加彼此之间的感情。

一个言谈举止充满幽默感的领导，在人群中是很有魅力和亲和力的。因为他善于说下属爱听的话，在谈笑间，很容易拉近与下属的距离，同时，给人一种平易近人、可亲可敬的好感，无论是大人还是小孩听了都会喜欢。幽默的表达本身是富有亲和力的，而亲和力恰恰是俘获下属心的关键。领导通俗易懂、深入浅出地论述上级的路线方针和政策，让人听了入耳入脑，更都愿意接受。领导具备了幽默感，他会敞开心扉与下属沟通，动之以情、晓之以理，寓教于乐，并在欢声笑语中博得下属的信任与赞成。古今中外，有许多富有幽默感的高人智者，就在我们身边，也有许多优秀的领导给我们留下了风趣、富有幽默感的印象，同时，留下了良好口碑。

妙语激将，挖掘下属潜力

作为一名领导，与下属接触的机会非常多。有时候，你会发现某位优秀的员工，由于出色完成了任务而沾沾自喜，甚至有点飘飘然，时刻表现出傲慢的情绪。如果你任由他这样发展下去，会对以后的工作不利。所以，你应该适当地用幽默语言“激”他一下，如对他说：“我觉得你的同事小王也挺出色的，上次你完成的工作任务也有他的一份功劳吧。你可得加紧努力工作，小心他马上就赶上你了……”这样，他就会感觉到来自身边的压力，会收敛自己骄傲的情绪，把精力都投入工作中去。领导妙用“激将法”，抓住员工的心理，适当泼一下冷水，打击一下他的情绪，会让他迸发出更多的能量，这其实也是一种幽默的激励。

三国时期的诸葛亮就十分善于运用激将法。在马超率兵来犯时，张飞请令出战，诸葛亮却故意说：“马超家世代簪缨，马超勇猛无比，在渭水把曹操杀得大败，看来只有调回关羽才行。”这一下激恼了张飞，他立下军令状，出战马超，最终使马超投降。张飞本来是一员猛将，但自傲的情绪有可能会影响他能力的发挥，诸葛亮的妙语激将法起了重要的作用，使张飞在愤怒之下迸发出更大的力量，于是打败马超。

吴先生是一家大型企业的总裁，他就因为善于激发员工的好胜心使员工创造了一个又一个奇迹。一次，吴先生研发了一个新产品，他需要一位卓越的推销人才为新研发的产品开辟市场，这是一件异常艰巨的任务。吴先生经过几番斟酌，选定了公司里一位颇具能力的新员工。

“带着新产品去开辟市场，怎么样？”吴先生轻松地问被召见的新员工，“我现在急需一个有能力的人去给我做销售顾问。”

那位新员工大吃一惊，他当然知道这件任务的艰巨性。他不得不考虑这项任务是否在自己的能力范围之内。

吴先生见他犹豫不决，便微笑着说道：“害怕了？年轻人，我不会怪你，这本来就是一件艰巨的任务，它更需要一个有能力的人来负责！”

这句话激起了那位新员工的好胜心，他最终接受了挑战，并引领着新产品开始了漫漫的销售之路。

争强好胜是每个人的天性，对于很多工作，只要领导善于用风趣的语言激励，员工就一定会以最大的热情去干，并干好这项工作。一位成功的领导者应该善于激发员工自我超越的欲望，因为这确实是使员工振奋精神，接受工作挑战的最可行办法。

有一家空调制造厂，因为员工一直完不成定额，主管非常着急，他已经采用了所有的办法，说尽了好话，又是鼓励又是许愿，甚至还采用了“完不成定额，就走人”的威胁手段，可还是没有一丝的效果。他只好向总经理做了如实汇报。

总经理在主管的陪同下走进了工厂，当时，日班马上结束了，总经理问一位工人：“请问，你们这一班在今天制造了几部空调？”“5部。”那位工人回答。总经理没有再说话，只是拿了一支粉笔在地板上写下一个大大的数字“5”，然后转身离开了车间。夜班工人接班的时候，看到了那个数字“5”，便问是什么意思，那位准备交班的日班工人详细地做了解释。夜班工人看着那个数字“5”，越看越刺眼。

第二天早上，总经理再次来到工厂，他看到夜班工人已经把那个数字“5”擦掉了，重新写上了一个大大的数字“6”。而日班工人接班的时候当然看到了很大的数字“6”，他们毫不示弱，抓紧时间干活。当天晚上下班的时候，他们在地板上留下了具有示威性的特大数字“9”。情况逐渐好转，工厂的产量也大幅度增高。

如果领导希望员工圆满地完成工作，那么就要想办法让员工之间形成良性的竞争，有了竞争，才会激发超越自我的欲望，才有可能超额完成任务。在这个案例中，总经理戏剧性的做法恰好达到了激励员工的目的。对于每个人来说，最大的竞争对手不是他人，而是自己。他人的存在不过是为了激发自己内在的潜能，所以，领导者在工作中也要善于激发员工争强好胜的心理，使他们有勇气战胜自己。

风趣的责备，更易于下属接受

在日常工作中，领导批评下属是为了根除工作中的错误，使下属走上正确的道路。因此，要想批评达到很好的效果，就必须讲究批评的技巧性，而避免消极的、简单的、直接的倾向。批评是一门艺术，批评是为了鞭策和激励他人更好地完成工作，达到团队共同的目标。批评是一种反向的激励，如果运用不好，就很容易刺激他人，特别是下属的自尊心和荣誉感，这样不但收不到激励的效果，还会走向激励的反面，使被批评者情绪消极、表现被动，甚至做出偏激和抵抗的举动。所以，领导在批评下属的时候，切忌直接指出下属的错误，这样会伤害下属的自尊心，而是需要风趣的责备，在言语上含蓄婉转，切忌尖酸刻薄，否则，便会引发不良的后果。

其实，不仅条条大路通罗马，而且曲径或许更好走。比起直接的说话方式，含蓄幽默的方式更加容易让人们接受。所以，当我们在指出他人错误的时候，要善于舍弃直接的方式，选择能通幽的小径，以风趣的责备来劝说他人的错误。这样的

“曲径”不但能把我们的意思准确地表达出来，而且还能使对方成功地接受你的建议。因为要想对方虚心地接受你的建议，就要注重说话的技巧，对下属的责备一定要风趣，切勿直接批评。

传说，郑板桥早年的时候，家里非常贫穷。有一年春节，因为没有食品过年，他向屠户赊了一只猪头，刚下锅，又被屠户要了去转手卖了高价。为此他一直记恨在心。直到后来到山东范县做官，还特别规定杀猪的不准卖猪头，自己吃也要交税，以示对屠户的惩罚。郑板桥夫人听说此事，感到不妥。一天，她捉到一只老鼠，吊在房里。夜里老鼠不住地挣扎，郑板桥一宿没睡好。郑板桥埋怨夫人，夫人说她小时候好不容易做了件新衣裳，被老鼠啃坏了。郑板桥听后笑道：“兴化的老鼠啃坏了你的衣裳，又不是山东的，你恨它是何道理？”夫人说：“你不是也恨范县杀猪的吗？”郑板桥恍然大悟，随即吟诗一首：“贤内忠言实难求，板桥做事理不周。屠夫势利虽可恶，为官不应记私仇。”

郑板桥因为贫穷时的遭遇，一直对屠户怀恨在心，因而等他做了官，就规定杀猪的不准卖猪头，自己吃也要交税，以示对屠户的惩罚，实际上他的这一行为就是公报私仇。这时候，夫人看不下去了，但如果直接指出郑板桥的错误，那么就会损伤他的自尊心，也会使他陷入难堪的境地，所以，夫人运用类比的方法，巧用风趣的责备，旁敲侧击，聪明的郑板桥立即领悟到了夫人话里蕴含的言外之意，自己也恍然大悟。在这里，夫人就舍弃了直接的方式，而采用委婉的方式，达到了劝说的目的。

王太太为修葺房屋而请来了几位建筑工人。起初几天，她发现，这些建筑工人每次收工后都把院子弄得又脏又乱。可他们的手艺却让人无法挑剔，王太太不想训斥他们，便想了一个好办法。一天，建筑工人收工回家后，她便和孩子们一起把院子收拾整齐，并将碎木屑扫好堆到院子的角落里。到第二天工人们来干活时，她把工头叫到一边大声说："我真的对你们在收工前将我的院子扫得这么干净而高兴，我很满意你们的举动。"之后，每到收工时，工人们都自觉地把木屑扫到角落里，并且让工头做最后的检查。

如果王太太直接指出工人们的错误，肯定使工人们大为恼火，而这种情绪会影响其工作效果，也会破坏他们与王太太之间的友好关系。所以，聪明的王太太没有直接指出工人们的错误，而是含蓄而幽默地表达出自己的想法，聪明的工人们一下子就明白了王太太的意思，也认识到了自己的错误。因而，每次完工，工人们都会自觉地把木屑扫到角落里，并且让工头做最后的检查。

每个人都有自尊心，即使犯了错误的人也是如此。如果下属真的在某些方面犯了错误，领导在批评的时候，也要考虑到对方的自尊心，切勿随便伤害。因此，批评他人的时候，一定要风趣含蓄，如春风化雨，而不是大发雷霆，横眉怒目，以为这样才能显示你的威风。实际上，你这种批评方式，最容易伤害对方的自尊心，甚至导致矛盾激化。因此，你在批评对方的时候，要戒言辞尖刻、恶语伤人。当你正怒火中烧时，最好别批评下属，等心情平静下来再去批评。切忌讽刺、挖苦，恶语伤人。虽然对方有过错，但是在人格上与你完全平等，所以不能随便贬低对方甚至污辱对方。

第12章　谈判时的幽默：用幽默口才策略令对手折服

幽默，是一个心理学上的名词。其实，在很多场合，我们都会用到幽默，如严肃的谈判场合。当我们在诸事不顺的情况下，或者遇到突发状况的时候，幽默可以令我们保持心理上的稳定，这样就可以确保我们冷静地、合情合理地对自己面临的情况或事件做出正确和恰当的处理。

善用幽默，营造和谐氛围

美国幽默大师罗伯特·奥本说：“每天早上起床后，我都看一遍福布斯美国富翁排行榜。如果上面没有我的名字，我就去上班。”这是一句多么幽默的话语，不仅给人带来了快乐，也温暖了自己的心灵。幽默，是快乐的精灵，在很多时候，我们需要运用幽默的语言来营造良好的谈话氛围。在日常工作中，许多人都表现得太严肃，他们总认为凡事都应该认真，开不得半点玩笑，否则会坏了大事。事实并不是这样，幽默恰恰为枯燥的工作带来了快乐、缓解了压力，在轻松的氛围中，再谈工作的事情，或许，彼此都会感到轻松不少。尤其在谈判场合，更需要我们恰当地运用幽默语言来创造良好的谈话氛围，化解谈判过程中的尴尬，最终促成谈判的成功。

美国谈判大师荷伯·科恩曾说："世界是一张巨大的谈判桌，谈判存在于生活的方方面面，很多时候，我们自觉或不自觉地就成了某个谈判的参与者。"在日常工作中，谈判更成为我们工作中一项必不可少的内容。大多数人认为，谈判应该是庄重的、严肃的，其实，若是在谈判过程中插入幽默的语言，不但可以缓和紧张形势，营造出友好的谈话气氛，还可以缩短彼此之间的距离，钝化对立感，使整个谈判变得更融洽。在国际谈判中，幽默语言可以使整个谈话更加顺利，彼此化干戈为玉帛，从而避免了战祸；在商业谈判中，幽默的语言巧于辞令，可以为你赢得新的合作伙伴。

丘吉尔是一位善于使用幽默语言的首相，尤其在谈判中，他屡次使用幽默语言，取得了不错的效果。

1943年，英国首相丘吉尔与法国戴高乐将军因叙利亚问题产生了意见分歧，两人心中都有芥蒂。而在这之前，丘吉尔颇为看重的布瓦松总督被戴高乐逮捕了，对此，双方都感觉问题变得棘手了，要想解决这个问题，只能是面对面地谈判。当时，丘吉尔的法语讲得不是很好，而戴高乐的英语却讲得很好。

两人见面了，气氛变得紧张起来，丘吉尔先用法语打招呼："女人们先去逛市场，戴高乐、其他的先生跟我去花园聊天。"然后，他高声说了几句英语："我用法语对付得不错吧，是不是，既然戴高乐将军英语说得那么好，一定能够完全理解我的法语。"话音刚落，戴高乐将军以及其他人都笑了起来。丘吉尔的这番幽默消除了之前紧张的气氛，建立了良好的谈话氛围，使整个谈判得以在和谐与信任中进行。

丘吉尔与罗斯福的谈判，也可以说是幽默语言使用的典型例子。在第二次世界大战期间，英国武器短缺，丘吉尔来到华盛顿会晤美国总统罗斯福，请求军需物质方面的接济。第二天要进行会谈，凌晨，丘吉尔还躺在浴盆里，嘴里抽着雪茄，正在思考问题。没想到，罗斯福突然走了进来，两人相视愣住了。丘吉尔笑了，说道："总统先生，大英帝国首相在你面前可真是没有半点隐瞒啊！"说罢，两人都不约而同地笑了起来，而此次谈判成功地推动了英美合作。

如此看来，幽默语言是谈判过程中的润滑剂，同时，也是化解谈判僵局和消除紧张气氛的良药。在谈判过程中，双方往往因为一些主客观的问题各执一词，互不相让，这时，若不及时化解，必然令谈判陷入僵持局面。对此，一些高明的谈判者会运用幽默的语言，使谈判脱离僵持的困境，化解尴尬，最后达成一致的协议。

中方代表就一合资项目与某国财团进行谈判。谈判刚刚开始，对方就说："我方设备技术先进，拥有自己的专利权，希望你们能开出一个令我们满意的价格。"如此漫天要价，使整个谈判陷入僵局。

这时，中方一代表站起来，说道："中国是一个有着几千年悠久历史的文明古国，我们的祖先在1000多年前就将四大发明：指南针、造纸术、印刷术、火药的生产技术无条件地贡献给了人类，而我们的子孙从未埋怨过他们不要专利权，反而称赞他们为推动人类科学技术做出了贡献。今天，中国在与世界各国的经济合作中，并不需要你们无条件地出让专利权，只要价格合理，我们是一分钱也不会少给您的。”不卑不亢的语言中，融入了幽默的力量，最终，对方愿意降低专利费，促成了谈判的成功。

如果双方就专利费各持己见，互不相让，那么谈判肯定会陷入僵局。中方代表一席幽默语言，使整个谈判脱离了僵持的困境，化解了紧张的气氛，促成了和谐的谈判。现代社会，随着市场经济的发展，我们谈判的机会一直不断地增加。于是，在谈判中，越来越多的谈判者喜欢使用幽默的语言，与此同时，幽默的语言也成了谈判者获得成功的重要途径。

幽默的语言，对于营造良好的谈话氛围，促成谈判成功有重要的作用。许多人在谈判中都会有胆怯、不安的心理，这是在所难免的，这时，如果使用幽默的语言，就可以消除这种心态，使彼此在一种轻松自然的氛围中谈判。

风趣辩论，减少火药味

很多时候，“谈判”这个词语并非正规场合才会用到的专业术语，也不单单指的是商场、战场所必备的交际手段。如今，谈判已经成为现代社会一个普通人所需要具备的基本本领之一。随着社会的不断发展，人们参加谈判的机会也越来越多，在现实谈判中，追求诙谐有趣的谈判者越来越多，因为大家在精神疲惫的同时不希望过于严肃地谈判，于是乎，诙谐的语言成了谈判者赢得谈判成功的尚方宝剑。幽默的语言可以是风趣的、生动的、诙谐的、含蓄的，在实际谈判中，我们可以适当地将这些幽默的语言融入其中，从而减少谈判本身那严肃、单调乏味而充满火药味的气息，使整个谈判变得生动有趣，让谈判在轻松自如的氛围中结束，并取得双赢的效果。

美国前国务卿基辛格是一位善于控制自己情绪的人。有一次，他在德黑兰短暂停留。当晚，伊朗首相邀请他去看舞女帕莎的表演。基辛格看得很专心，帕莎表演结束后，他还跟她闲侃了一阵。

第二天，一名记者当众与基辛格打趣："你喜欢她吗？"基辛格很恼火，心想这帮好事之徒真是不放过任何一个细节，但表面上他仍然一本正经地回答那位记者："不错，她是位迷人的姑娘，而且对外交事务也有浓厚的兴趣。"那记者很快就上当了："真的吗？"基辛格回答说："那还有假？我们在一起议论了限制战略武器会谈，我费了些时间向她解释ISS—7导弹怎样改装成U级潜艇发射。"

众人哈哈大笑，而那位记者则是自讨没趣。

其实，说话本身是一门高雅的艺术，如果把话说好了，即便没有达到自己的目的，也会令人对你产生莫名的好感。通常情况下，在实际谈判中，遇到不适宜从正面回答的问题，我们应该反其道而行之，把球踢给对方，这是较好的幽默策略。

许多年以前，在以色列，有一位从战场上胜利归来的将军回到了自己的老家。他所拥有的丰功伟绩，使得他在这个城市的身价倍增，成了许多女人追逐青睐的对象。不过，这位将军并不喜欢这样，甚至很讨厌这种情况。但即便这样，还是有一些人对他紧追不舍。

其中，当地有一位很有名气的女记者，接连几个月都写信给那位将军，表示自己想认识这位伟大的将军。在一次舞会上，这位女记者手上拿着桂枝，向将军走了过来。将军躲闪不及，与女记者撞个正着，于是，女记者顺手将桂枝递给将军，将军很绅士地笑了，说道：“应该把这桂枝留给缪斯。”听到这样的话，女记者并不感到尴尬，她以为只是一句玩笑，她绞尽脑汁想找到一个话题与将军搭话。

女记者问道：“将军，您最喜欢的女人是谁呢？”将军诚实地回答说：“是我的妻子。”女记者继续说：“这太简单了，您认为最重要的女人是谁呢？”将军回答说：“是最会料理家务的女人。”女记者故作聪明：“这我料到了，那么，您认为谁是女中豪杰呢？”将军回答说：“是孩子生得最多的女人，夫人。”

就这样，两人就好像审讯犯人一样，一问一答，紧张的气氛简直令人窒息，自然就谈不下去了。最后，女记者感到局促不安，也不想自讨没趣，就起身离去了。

在这个类似谈判的场景中，将军那诙谐的话语无疑是最好的谈判词。面对女记者的提问，既不答应，也不拒绝，就是不说正事，这才是一个高明的谈判者。反之，那位女记者就不算一个高明的谈判者了，面对即将出现的僵局，她没了主意，这时如果不采取策略，慢慢地对方就会失去耐性，谈判最终不了了之。

有一个人这样问上帝："尊敬的上帝啊，在你的眼睛里，1000年是多长时间？"上帝回答说："一分钟。"这人又问："伟大的上帝，在你的眼睛里，1万个金币又是多少钱呢？"上帝回答说："就一个小钱罢了。"听到这样的话，这个人暗自笑道："仁爱的上帝啊，那就请你恩赐我一个小钱吧！"

上帝回答说："好，可怜的孩子，一分钟后，我拿给你！"

在实际谈判中，当对方向我们提出过分的要求时，拒绝并不是唯一的办法，我们可以试着答应对方的要求，不过，一定要限定在某个对方不可能接受的条件范围之内，这样幽默的方式会让对方占不到丝毫便宜，继而主动退却。

幽默，变“战争”为和平

大多数人只要听到“谈判”这个词语，就会联想到严肃而正式的场合，几个人不苟言笑地坐着，彼此心里打着小算盘。实际上，这只是谈判的一种，现实生活中的谈判已经走向多元化，大部分谈判者会用到幽默的技巧，这样可以缓和紧张的气氛，营造出和谐而友好的谈判氛围，同时也缩短了双方的心理距离，钝化了对立感。许多谈判者之所以那么青睐于幽默的艺术，是因为幽默可以使他在谈判中如鱼得水，经常会产生“山重水复疑无路，柳暗花明又一村”的感觉。而且，在紧张的谈判中，幽默还可以适时起到化干戈为玉帛，变“战争”为和平的作用。

在一次董事会上，美国电报电话公司董事长卡普尔的领导方式遭到了公司许多人的批评和指责，整个会场充满了紧张气氛。有位董事质问道：“过去一年中，公司用于福利方面的资金是多少？”当她得知用于福利的资金只有几万美元的时候，又说：“我真要昏倒了！”听了这样的话，卡普尔漫不经心地回答了一句：“我看那样倒好。”听到这样的话，会场立即爆发出一阵难得的笑声，而那紧张尴尬的气氛也随之消失了。

在这个案例中，卡普尔用恰当的口吻把敌视的讽刺化为幽默，与此同时，也化敌为友，消除了大家激动的情绪。在实际谈判中，有时候因某种原因导致谈判双方处于骑虎难下、进退两难的窘境，这时，若能说一句幽默的话，往往会让难堪的双方相视而笑，那尴尬的气氛就会马上缓和下来，从而达到变“战争”为和平的目的。

以诙谐的语言反击对方

在实际谈判过程中，有时候我们会遇到对方的挑刺或者故意刁难，这时不可避免地会陷入困境中。在这样的情况下，我们该如何扭转乾坤，让那些故意刁难者知难而退呢？其实，这需要幽默的艺术，以诙谐的语言反击对方，如果你只是傻傻地站在那里，只会让那些故意为难你的人更得意，同时，也会让所有的对手看笑话。当然，这需要一定的方法以及技巧，才能巧妙地化解尴尬，为自己解围。

摩西·门德尔松是德国18世纪的大哲学家，而且有着典型的犹太人体相。有一天，他在柏林大街散步的时候，不小心撞到穿军服的普鲁士军官身上，军官冲着他粗鲁地骂道：“笨蛋！”这时，哲学家微微地弯了弯腰，彬彬有礼地说：“门德尔松。”然后扬长而去。

大哲学家门德尔松面对粗鲁的军官，在不损失自己面子的同时，有力地回击了对方，他所采用的就是幽默的方法。试想，当一条狗咬了你一口，难道你会俯下身子去咬狗一口吗？

我们所能做的就是面带微笑，以诙谐的口吻去看待这件事情，让对方知趣而退。

在大街上，一位非常漂亮的姑娘紧紧地吸引了一个小伙子的眼球。于是，姑娘走到哪里，他就跟到哪里。姑娘发现之后，停住了脚步，问道："你老跟着我干什么？"小伙子羞涩地回答说："你太漂亮了，我喜欢你。"姑娘又问："我有什么可吸引你的？"小伙子回答说："你就像一朵盛开的鲜花。"姑娘不屑地说："瞧你这个丑样，像个甲壳虫，我才不在乎你呢。"听到这样的话，小伙子平静而幽默地说："不，你说错了，我像一只蜜蜂。"

在现实生活中，当我们被别人讽刺，最常见，也是最失败的反应就是以牙还牙。若是在谈判中，我们也采用这样的方式，只会造成谈判的失败。在上面这个案例中，面对姑娘的嘲讽，小伙子平静以对，幽默地加以纠正，则是风趣的，想必这样的人也是受欢迎的。

有一次，著名作家克雷洛夫与房东签订租房合同。那位房东在金钱上十分计较，而且他事先就知道克雷洛夫是一个穷光蛋，因此，他便在租房合同中特别写了一条：假如克雷洛夫不小心引起火灾烧了房子，那么必须赔偿15000卢布。

不过，令房东没想到的是，克雷洛夫看完，非但没有提出反对的声音，而且还很大方地在后面连续加了两个"0"。房东一看，喜出望外，说道："哎呀呀，150万卢布。"其实，克雷洛夫并不是真的愿意多赔钱，他像没事一样，说："是的，反正多少都一样赔不起。"房东听了，目瞪口呆，一句话也说不出来。

在实际谈判中，如果你遭受到了对方恶意的顶撞、攻击、讽刺、挖苦或者出言不逊，这时不需要以牙还牙、针锋相对，这样只会让局面变得一发不可收拾，而是需要将对方的讥讽之词当作前提，作为铺垫，作为条件，顺势表达出自己的看法，从而达到反击的目的。

在一家药店，一位顾客很生气地对经理说："一个星期以前，我在这买的润肤膏，一点作用也没起，我要求退款。"经理询问道："为什么？"顾客说："你说，它可以与脱发做斗争的，可是不顶用。"经理建议说："您再试试看，我是说过，这种润肤膏可用来与脱发做斗争，不过，这并不意味着，它一定能赢得最后的胜利啊。"

在实际谈判中，我们所说的每一句话都需要保持语言的严谨性，而且需要仔细揣摩对手所说的话，找准其中的关键字眼，这样我们才能随时给对方致命的反击。当然，我们所使用的方法应该是诙谐的、风趣的，不带任何攻击性的。

在美国的一个犹太人聚集地，一个富翁请一位犹太画家为他画肖像。犹太画家精心地为富翁画好了肖像，不过，富翁却拒绝支付议定的500美元的报酬，理由是："你画的根本不是我。"没过多久，画家就将这幅肖像公开展览，提名为

《贼》。富翁得知后，十分生气，打电话向画家抗议。

听到富翁在电话那边咆哮，画家平静地说："这事与你有什么关系？你不是说过了吗？那幅画画的根本就不是你。"于是，富翁不得不买下这幅画，改名为《慈善家》。

在实际谈判中，当对方不愿意履行承诺的时候，我们之前所谈的成果就要付诸东流，这时候我们就需要冷静地对待自己所遇到的事情，找到对方的要害，以诙谐、巧妙的方式迫使对方就范。我们应该记住这样一句话：对方想要激怒我们，我们则惹对方一笑，暗中还击，这才是高明的谈判策略。

第五篇

守护真心，用幽默为感情调味

第13章　经营深厚友情：用幽默的言辞让友情更长久

美国一位心理学家曾说过："幽默是一种最有趣、最有感染力、最具有普遍意义的传递艺术。"可以说，幽默在人际交往中的作用是不可否认的。在日常交际中，幽默的语言，可以使社交气氛变得轻松、融洽，有利于人们的交流。有时候，一句幽默的话、一个风趣的故事，就可以令人笑逐颜开，从而让彼此成为朋友。

善于幽默，令你左右逢源

有人说："幽默是心灵与心灵之间快乐的天使。"确实，它在日常交际中扮演了一个可爱的天使。一个人若是拥有了幽默，那就拥有了爱和友谊。在生活中，我们经常看见那些不具备幽默细胞的人，当他们在遇到某些事情的时候，不是拍案而起、横眉冷对，就是悲天悯人。富于幽默感的人，即便情况到了针锋相对的程度，他们的情绪也不会燃烧起来，而是像湖水一样平静，因为如此可贵的品性，他们更容易交到朋友，更容易自由自在地游走于交际圈。

有一个光头，当别人说他"你理发不用花钱，洗头不用水"时，他当场就生气了，变了脸，使得原本比较轻松的环境变得紧张起来。从这以后，别人看见他都不敢跟他开玩笑，身边愿意跟他说话的朋友也少了很多。

还有一位经常参加演讲的教授，也是一个光头，当他站在讲台上时，他说："一位朋友称我聪明绝顶，我含笑着回答'你小看我了，我早就聪明绝顶了'。"然后，指了指自己的头说："我今天演讲的题目是外表美是心灵美的反映。"就这样，这个光头教授开始了自己的演讲，而他那几句诙谐的话，使得整个会场充满了活跃的气氛。

在这个案例中，同样是光头，这样一个比较特别的外表形象，是很容易受到别人的嘲讽的，但他们所得到的认可为什么不一样呢？原因在于前面一位光头先生缺少幽默感。在日常交际中，友善的幽默可以表达人与人之间的真诚、友爱，可以沟通心灵，拉近人与人之间的距离，从而跨越人与人之间的鸿沟。当然，这会让我们得出这样的观点：幽默是一种希望和他人建立良好关系不可缺少的可贵品质。

在日常交际中，幽默可以帮助我们表达很多东西。尤其是当我们想要表达内心不满情绪的时候，适时使用幽默的语言，别人听起来也会顺耳很多。当一个人需要把别人的态度由否定变为肯定的时候，幽默是极具说服力的。此外，当我们与他人关系紧张的时候，即便在一触即发的重要时刻，若是幽默一下，也可以使彼此从容地摆脱不愉快的窘境或消除矛盾。可以说，幽默是人际交往的润滑剂，可以令我们在交际圈子里如鱼得水。

在一家饭店，一位顾客生气地对服务员嚷道："这是怎么回事？这只鸡怎么一条腿比另外一条腿短？"服务员故作幽默地说："那有什么！你到底是要吃它，还是要和它跳舞？"顾客听了非常生气，一场本来可以化解的争吵就这样发生了。

当然，我们说"善于幽默"，并非只需要幽默就可以。幽默应该是高雅得体的，态度应该是谨慎和善的，幽默而又不失分寸，才能促使人际关系变得和谐融洽。这是因为，幽默不但可以反映出一个人随和的个性，还可以显示出一个人的聪明、智慧以及随机应变的能力。不过，需要注意的是，幽默既不是毫无意义的插科打诨，更不是没有分寸的卖关子、耍嘴皮。我们在交际中所施展的幽默，既要入情入理，又要引人发笑，给人启迪。

在日常交际中，那些富于幽默感的人，其朋友也是很多的。因为幽默，初次与陌生人见面时就会给对方留下较为深刻的印象，这对于身在社交圈子的人而言是一件再好不过的事情，因为说不定哪一天你就需要求助别人。而且，富于幽默感的人是具备亲和力的，他们很容易与人相处，这样就有助于与他人建立和谐、持久、牢固的人际关系。

幽默，让你结识更多的朋友

在交际场合，我们最终的目的是与陌生人成为朋友，所追求的是一团和气，而不是争执、冲突。谁的朋友比较多，谁就是最大的赢家，因为朋友就是人脉。俗话说："在家靠父母，出门靠朋友。"假如在交际场合中我们可以多交一些朋友，经常与朋友谈心、聊天，这样就会慢慢地拓展我们的交际圈子，我们所了解的信息也越来越多，而且，在与朋友相处的过程中，我们可以以他人之长补己之短。若是遇到了什么难过的事情或什么重大的困难，身边的朋友也可以为我们出出主意。伤心难过的事情，可以找朋友倾诉；开心幸福的事情，可以跟朋友分享。虽然，这是众所周知的道理，却有不少人道出"交友难"的苦水，似乎自己并不差，但好像就是得不到别人的认可，这该怎么办呢？其实，交友难，难就难在交友的方法上，而幽默却是一种很有效的方法。即便陌生人见面了，假如能幽默一点，那气氛将变得十分活跃，双方之间的交流也会变得更加顺畅，同时还可为日后更加和谐融洽的人际关系奠定坚实的基础。

在练兵场上，连长正领着新兵们操练，连长喊"立正"，新兵们马上整齐地站在连长的对面。连长继续下命令："向右看齐！"新兵们立即把头侧向了右边。

不过，这时连长却看到一个新兵把头侧向了左边。于是，连长又喊了一遍："向右看齐！"但那个新兵还是把头侧向左边，连长十分生气地问那个新兵："你为什么向左看？"听到连长的话，那个新兵才发现自己犯了错误，不过，他却大声地回答说："报告长官，大家都向右看，我怕敌人会从左边上来。"听到新兵的回答，严肃的连长也忍不住笑了。操练继续进行，这个新兵专心地听着口令，不再出错了。

其实，在现实生活中，许多人都有交朋友的欲望，却苦于没有行之有效的方法。假如我们能像案例中的新兵一样，勤于思考，也会变得跟他一样风趣幽默，到那个时候，对我们而言世界便不再陌生了，因为陌生人也愿意成为我们的朋友。

当一位身材矮小的男教师走上讲台的时候，台下的学生有的面带讽刺，有的则交头接耳，暗中取笑。这位老师扫视了一下全班同学，然后无不幽默地说："上帝对我说：当今人们没有计划，在身高上盲目发展，这将产生严重后果。我警告无效，你先去人间做个示范吧。"听到老师这样的话，全班哄堂大笑，然后变得非常安静。显而易见，他们都对老师的幽默敬佩不已，而忘记了他身材上的缺陷。

当我们变得幽默，我们的朋友就会越来越多，陌生人也会成为新朋友，更多的新朋友会逐渐成为老朋友。面对这些新老朋友，彼此之间是没有交流障碍的，我们可以以幽默的谈吐说天说地，包括过去有趣的事情、未来美好的愿望、工作中的成绩、家里的烦恼都可以跟朋友一起分享，同时，在这个过程中，我们还可以收获更多的友谊。

以幽默的方式“认错”

俗话说：“智者千虑，必有一失。”一个人再聪明、再能干，也总有失败犯错误的时候。著名军事家孙子曾说：“过也，人皆见之；更之，人皆仰之。”在日常生活中，我们都不可避免地会做错一些事情，但是，做错了事情并不可怕，只要能够及时认识到错误并改正错误，以幽默的方式向对方“认错”，就会有效解开矛盾，缓解笼罩在彼此心头的怨气。与人交往，有可能会说错话，有可能会做错事，这就难免会得罪他人，使原本和谐友好的人际关系出现裂痕。但是，在错误发生之后，如果我们能及时“认错”，语言委婉而风趣，主动承担责任，一般情况下，是能够得到对方的原谅的。当然，假如你发现自己错了，却不愿意道歉，甚至处处找借口为自己辩解，这样不仅得不到朋友的谅解，反而还会受到道德上的谴责。因此，我们不能小看“认错”的作用，而且，我们还需要学会幽默地道歉，这样才更容易赢得对方的谅解。

从卡耐基家步行一分钟，就可以到达森林公园。因此，卡耐基常常带着一条叫雷斯的小猎狗到公园散步。因为他们在公园里很少碰到人，又因为这条狗友善而不伤人，所以卡耐基常常不替雷斯系狗链或戴口罩。

有一天，他们在公园遇见一位骑马的警察，警察严厉地说："你为什么让你的狗跑来跑去而不给它系上链子或戴上口罩？你难道不知道这是违法的吗？""是的，我知道。"卡耐基低声地说，"不过，我认为它不至于在这儿咬人。""你不认为！你不认为！法律是不管你怎么认为的。它可能在这里咬死松鼠，或咬伤小孩，这次我不追究，假如下次再被我碰上，你就必须跟法官解释了。"警察再次提出了警告。

卡耐基照办了，可是，他的雷斯不喜欢戴口罩，他也不喜欢这样做。一天下午，他和雷斯正在一座小坡上赛跑，突然，他看见那位警察正骑在一匹棕色的马上。卡耐基想，这下栽了！他决定不等警察开口就先发制人。他风趣地说："先生，这下你当场逮到我了。我有罪。你上星期警告过我，若是再带小狗出来而不给它戴口罩，你就要罚我。""好说，好说，"警察回答的声调很柔和，"我知道没有人的时候，谁都忍不住要带这样一条小狗出来溜达。""的确忍不住。"卡耐基说道，"但这是违法的。""哦，你大概把事情看得太严重了，"警察说，"这样吧，你只要让它跑过小山，跑到我看不到的地方，事情就算了。"

在这个案例中，卡耐基使用了一个口才幽默策略，风趣的自责，再加上先发制人，率先批评自己，这使对方有一种被尊重的感觉。因为，当卡耐基风趣责备自己的时候，警察已经表现出宽容的态度。如果我们免不了要受到责备，为什么不自己“幽默”地先认错呢？至少，谴责自己总比挨别人批评好受得多。当你清楚地知道对方即将责备你的时候，不妨先幽默地把对方责备你的话说出来，这样一来，对方一定会以宽大、谅解的态度来对待你。

幽默而巧妙的道歉，能够挽救友谊危机，化解尴尬气氛，继而巩固友谊，推进新的人际关系的发展。

当然，我们在认错的时候，需要注意当发现自己说错话或者做错事情的时候，就需要及时地认错，认错越及时越有效果，我们很难想象在几十年后才说“对不起”会发生什么事情。当然，认错的最佳时机还应该选在双方都心平气和的时候，这样对方更容易接受你的道歉。此外，认错并不是等对方开始责备再道歉，这时候你已经激起了对方的怒火，因此，我们需要先发制人，率先批评自己，再加上风趣的言语，这样对方就不好意思再责备你了，而且，也会宽容你的错误言行。

幽默可以化解困境

幽默是一种优美的健康的品质，这是每一个现代人都应该具备的素质。这是因为，不管是帮助他人脱离困境还是自救，幽默都发挥了催化剂的作用。在日常交际中，我们若遇到一些很尴尬的场面，这时可以用几句幽默的语言来解围，就会在轻松愉快的笑声中缓解紧张尴尬的气氛，从而化解困境。

有一次，美国作家霍尔摩斯出席一次会议，他是与会者中身材最矮小的。在会上，一位朋友脱口而出："霍尔摩斯先生，你站在我们中间，是否有鹤立鸡群的感觉？"没想到，霍尔摩斯听到这样的话，一点也不生气，而是幽默地说："我觉得我像是一堆便士里的铸币，铸币面值10便士，但比便士体积小。"这样一来，他以幽默的方式化解了自己的困境，也有效地反驳了对方。

在日常交际中，有的人在与他人交往的时候，唯恐听到一句"刺耳"的话，只要听到别人的言语稍有不慎，他就会十分生气，然后极力辩解，实际上这种做法是很愚蠢的。虽然，我们暂时发泄了内心郁闷的情绪，但这种行为非但不能赢得别人的尊重，而且会让人觉得你这个人很难相处。假如我们怀着乐观的心态，以幽默的方式去化解笼罩在双方心头的紧张气氛，那将会使彼此的沟通更加愉快。

在饭店里，一位顾客把米饭里的沙子吐出来。一粒一粒地堆在桌子上。服务员看到了，十分难为情，便抱歉地问：“全部都是沙子吗？”顾客摇摇头说：“不，也有米饭。”

在这个笑话中，顾客回答：“也有米饭。”这句话形象地表达了顾客的意见，以及对米饭质量的描述。生活中，当气氛变得十分尴尬的时候，我们可以用幽默的语言进行善意提醒，这样既表达了内心的意见，同时也避免了使对方难堪的局面。对于漫步在人生旅程的每一个人而言，这条路是漫长的，而且在大多数时候都是枯燥无味的。所以，适当的幽默就好像沿途美丽的风景，不仅可以令人赏心悦目，还能够摆脱困境，给他人带来快乐，使自己成为受欢迎的人。

杰克是一位杰出而幽默的警官，我们来看他是如何摆脱交际中的困境的。

有一天，一位男子试图制造一件轰动全国的新闻，于是他爬上纽约国际贸易中心，站在楼顶上面，还做出了自杀的样子。一时之间，他的行为引起了路人的注意，没过一会儿，楼下便围满了人，其中还来了各个单位的新闻记者。

警察局局长和警长轮番喊话，并试图救险，那位男子却不听劝阻，始终凶恶地要挟那些想帮助他的警察：“别过来！谁要是敢过来，我就立即跳下去！”僵持片刻之后，杰克带来了一位医生，他说道：“我不是来抓你的，是这位医生要我来问问你，你跳楼自杀后，愿不愿意把遗体捐献给医院？”听到这样的话，那位男子不再说话了，默默地走了下来。

还有一次，在一个闹市区的路口，有个持不同政见的人正在发表演讲："如今的政治腐败透顶了，我们应该把政议院和参议院通通烧了！"因为他的演讲，聚集的人越来越多，甚至把交通都堵塞了。等到警察赶到的时候，秩序十分混乱。正在大家不知所措的时候，杰克急中生智，大叫一声："同意烧参议院的站在左边，同意烧政议院的站在右边。"只听"唰"的一声，人群顿时分开了，道路也疏通了。

虽然，警察这个职业本身是严肃的，但幽默的杰克却给同事们带来了许多快乐、摆脱了许多困境，同时解决了工作中的许多难题。我们可以想象得到，杰克乐观的心态将会感染许多人，因为他的幽默，让枯燥无味的工作变得生动有趣起来。

在一次愚人节当天，马克·吐温被人愚弄，纽约一家报纸报道他死了。马克·吐温的亲友们信以为真，从各地赶来吊唁。不过，当他们见到这位"死"去的作家正在写作的时候，异口同声地谴责那家造谣的报纸。没想到，马克·吐温本人却十分平和，他甚至笑着说："报纸报道我死是千真万确的，只不过把日期提前了一些。"

作家林语堂曾说："智慧的价值，就是教人笑而已。"在日常交际中，假如你是一个懂得幽默的人，不时拿自己的错误开开玩笑，使人开怀大笑，当你把快乐带给别人的同时，你便铺下了友谊之路。在交际中，我们经常会陷入这样或那样的困境，如尴尬、窘迫、紧张等，这时候最绝妙的办法就是以幽默的方式化解，因为这是最无威胁性的交际手段，只要我们具备幽默的品质，就一定能摆脱困境，从而开展顺利地沟通。

第14章 建造和睦家庭：幽默的智慧让生活更加温馨

列宁说："幽默是一种优美的、健康的品质。"幽默，可以说表达了人类征服忧愁的能力。在现代社会中，幽默确实是一种丰富的养料，不过，许多家庭并没有意识到它的重要性，或者说忽略了它。生活中的我们，需要懂得生活的幽默，几句妙语便可以让家变得更和睦温馨。

以幽默营造温馨的家庭

生活的本质就是琐碎的，一件接一件的烦心事、高兴事、为难事被生活的河流席卷而至，不管你是否愿意，都必须面对。高兴事还好，能够给人带来好心情，烦心事和为难事则常常使人情绪暴躁、心烦易怒。在这种时候，倘若夫妻之中的任何一方压不住火气，就会导致家庭战争的爆发，甚至殃及无辜的孩子。科学研究证实，假如孩子长期处于压抑的环境中，就会导致性格内向，自卑，没有自信。其实，不管是为了孩子还是为了自己，每一对夫妻都应该学会应对这些生活中的琐事。很多时候，语言在交流中起到了重要的作用，恰到好处的幽默就能够很好地化解因为琐碎带来的烦恼。反之，倘若说了火上浇油的话，则结果可想而知。

在西方国家，尤其是美国，幽默是一种难得的优点。如果一个人很幽默，不仅自己快乐，也能给身边的人带来快乐。如今，中国与世界接轨，人们也越来越重视幽默。幽默不仅是一种能力，更是一种必须具备的素质。常言道，“会说话的让人笑，不会说话的让人跳”，也从侧面说明了幽默的重要性。在烦琐的生活中，一句幽默的话往往能使人转怒为喜、开怀大笑。日常生活中，只要能够恰到好处地运用幽默的方式与人沟通和交流，生活就会更加和谐舒心。

古希腊哲学家苏格拉底的妻子脾气很坏，冲动易怒。有一次，苏格拉底和学生们正讨论学术问题时，他的妻子突然闯了进来，不分青红皂白就把苏格拉底大骂一顿，然后怒气冲冲地离开了。苏格拉底丝毫不把妻子的无理取闹放在心上，继续和学生们交流起来。想不到的是，过了片刻，他的妻子又回来了，并且还提着装满水的水桶猛地浇在了苏格拉底的身上。苏格拉底就像一只落汤鸡似的站在原地，这次，学生们以为老师肯定会勃然大怒。出乎大家意料的是，苏格拉底仍然毫不在乎，他笑了笑，幽默风趣地说：“其实，我早就知道打雷后一定会下雨。”听了苏格拉底的话，学生们忍不住地哈哈大笑起来。苏格拉底的妻子觉得很没趣，便红着脸离开了。

一天，玛丽做好了晚饭，等着她的丈夫约翰回来一起吃，但是等了很长时间约翰都没有回来。正当玛丽着急的时候，约翰满头大汗地跑回家，同时得意扬扬地告诉玛丽：“你知道吗？我省了1元钱！”玛丽因为丈夫的晚归有点儿生气，没好气地问道：“省了1元钱，怎么省的？”约翰兴奋地说：“哈哈，只有我这个聪明的人才能想出这个主意，告诉你，我是一路跟在公共汽车后面跑回来的。你看，这不就省了1元钱嘛！”玛丽哭笑不得，说：“是吗？我倒是有一个省10元钱的主意。”约翰惊讶地瞪大眼睛，问：“赶紧说说，赶紧说说，下次我就可以省10元钱了。”看到约翰着急的样子，玛丽觉得很好笑，她不禁“扑哧”一声笑了，说：“下次啊，你可以跟在出租车后面跑。这样一来，岂不省下了10元钱？！”约翰看着妻子哈哈大笑起来，连声夸奖妻子：“你真不愧是我老婆啊，太聪明了！”

从这两个事例中可以看出来，不管是苏格拉底还是约翰以及约翰的妻子，都是非常有涵养的人。当然，这其中以苏格拉底最有涵养。对于妻子迎头怒骂、当头一桶冷水的行为，几乎没有哪个男人能够像苏格拉底一样宽容大度。我们不禁为苏格拉底的心胸而暗自赞叹！相比之下，玛丽与约翰都是聪明人，他们以玩笑的形式，把一场即将爆发的争吵消散于无形之中。可以想象，倘若不是幽默，他们也许会度过一个不眠的夜晚。但是，正因为有了幽默和笑容，他们的夜晚才是美好的。

既然幽默的作用如此巨大，那么，我们怎样才能具备这种美好的品质呢？

首先，要有一定的语言技巧。要想说出幽默的语言，必须使用很多形象生动的修辞手法，为语言增添亮色。倘若没有丰富的语言艺术作为基础，幽默就会变得空洞、乏味、虚伪。

其次，要有渊博的知识。要想出口成章，就要具备深厚的文化底蕴，倘若腹中空空，则很难将感情的“焊点”连接起来，自然难以产生幽默的效果。

最后，还要有乐观开朗的性格。倘若是一个悲观的人，总是绝望地看世界，那么，就会导致心情越来越差，自然很难笑出声来。反之，倘若是一个乐观开朗的人，即使遇到挫折，也能够勇敢地面对，那么，就会战胜困难、越挫越勇、笑对人生。

其实，凡事都是有利有弊的。快乐地过也是一天，哭泣着过也是一天，我们何不笑对人生呢？总而言之，要想使生活变得更加和谐舒心，拥有幸福长久的婚姻，就要学会幽默，让微笑伴随我们度过生命中的每一天。

幸福的家庭少不了幽默

某大学社会学系经过抽样调查发现，在家庭生活中家庭成员的情感交流缺乏幽默感的现象非常普遍。在那些被调查的家庭中，妻子认为丈夫缺乏幽默感的约占61.7%，丈夫认为妻子少幽默的占80.4%，而子女认为父母毫无幽默感的占88%。当然，存在这样的现象，是因为我国传统文化对夫妻角色、父母子女之间的规范阻碍了家庭幽默气氛的产生，而家庭空闲时间的缺乏、家庭成员情感交流形式的单调以及文化知识的水平限制等因素也使得幽默难以出现在家庭生活中。那么，一个幸福的家庭需要幽默感吗？

驾车外出途中，一对夫妻吵了一架，谁都不愿意先开口说话。最后，丈夫指着远处农庄里的一头驴说："你和它有亲属关系吗？"妻子回答说："是的，夫妻关系。"

结婚多年，丈夫每次都需要被提醒才能想起来某些特殊的日子。在结婚25周年纪念日早上，坐在桌子前吃早餐的妻子暗示："亲爱的，你意识到我们每天坐的这两把椅子已经用了25年吗？"丈夫放下报纸盯着妻子说："哦，你想换一把椅子吗？"

在一个家庭中，夫妻吵架是一种普遍现象，上自伟人，下至普通人都会如此。假如在争吵之时即兴说一两句诙谐的话，就会让原本难堪的场面变得温馨起来。我们常说"夫妻之间没有隔夜仇"，其实，在更多的时候，那是因为幽默的豁达消除了两人之间的隔阂。夫妻之间的小吵小闹反而会拉近彼此的距离，同时还可以将内心不满的情绪宣泄出去。假如在这时以幽默对之，再加上机智的调侃，就会使双方的心灵得到净化，从而使得整个家庭更幸福。

幽默的胡适先生曾说过，这世间不仅女人有"三从四德"，男人也有"三从四德"。我们来看看，他是如何诠释男人的“三从四德”的：

三从是：

太太出门要跟从；

太太命令要服从；

太太说错要盲从。

四德是：

太太化妆要等得；

太太生日要记得；

太太打骂要忍得；

太太花钱要舍得。

“墨菲定律”也有这样一条：“妻子永远是正确的，如果妻子不正确，请参考第一条。”夫妻之间幽默的妙处在于可以恰到好处地表达自己怨而不怒的情绪。在这个过程中，有妻子对丈夫的抗议，也有丈夫对妻子缺点的抗议，而在幽默的问答中，不至于使对方恼羞成怒。可能是丈夫的无端猜忌，可能是妻子的唠叨，等等，这些矛盾同样有可能发生在我们每一个家庭中，有时却往往因为两三句出言不逊的气话加剧了彼此的矛盾。

杰克的妻子临睡前总爱絮絮叨叨的令他十分不快。一天夜里，妻子又唠叨了一阵之后，吻别杰克说：“家里的窗门都关上了吗？”杰克回答说：“亲爱的，除了你的话匣子外，该关的都关了。”

例如，妻子说：“每次我唱歌的时候，你为什么总要到阳台上去？”丈夫回答说：“我是想让大家都知道，不是我在打你。”

又如，新婚之夜，新郎问道：“亲爱的，告诉我，在我之前，你有几个男朋友？”没想到换来一阵沉默，新郎想，生气了？过了片刻又问：“你还在生气？”新娘笑着说：“没有，我还在数呢。”

许多夫妻都有这样的经历，那些没有理由的争吵似乎经常发生，吵到最后，他们往往不知道自己为什么而吵架。有时候两个人之间的冲突一旦发生就会因愤怒而失去理智，甚至闹得不可开交。我们经常看到，看上去文质彬彬的两个人，经常会因为一些小事情在家里大动肝火，双方好像都失去了理智，专门说对方的痛处，唇枪舌剑，互相伤害。俗话说：“忍一时风平浪静，退一步海阔天空。”多说幽默的语言，少生气，不仅对身体有益处，而且还可以增进彼此之间的感情，何乐而不为呢？

有对年轻夫妻常常吵得不可开交，太太喜欢唠叨，经常骂丈夫是一个好吃懒做、没有出息的人，经常感叹自己是鲜花插在了牛粪上。一会儿，丈夫从楼梯上走下来，幽默地对妻子说：“尊敬的夫人，牛粪到了。”丈夫的自我解嘲，使得太太破涕为笑，同时也结束了一场家庭战争。

还有一个笑话：

一位老板收到了一盆仙人球，秘书问他是不是太太送来的。老板回答说是的，并解释说他俩大吵了一架，她可能是把这送来以表歉意。老板让秘书把卡片上的话念出来给他听，原来，那上面用很大的红字写着："坐在上面。"

一个幸福的家庭是离不开幽默的，家庭生活最需要幽默，而且家庭也是练习幽默的最佳场所。在家庭幽默中，我们要把握怨而不恨的情绪，在嘲讽中带着尊重和包容，那就一定可以取得预期的效果。

家庭生活中的幽默对家庭成员的影响是很大的，它使生活充满了情趣，缓解了矛盾，使人们的生活更加和谐融洽。夫妻之间的幽默是一种有安全感的表现，这会令夫妻双方都感到满足和愉快；夫妻之间的幽默是一种成熟人格的表现，轻松而不狂喜，遇险而不惊慌失措。这样的幽默可以使双方度过许多不顺心的困境，净化情绪气氛，消除郁积在内心的压力和紧张情绪，让家庭充满欢乐、温馨、和谐。

以幽默的语言教育孩子

在家庭教育中，什么样的方法是最有效的呢？当然是最适合孩子的教育方式，孩子天性喜欢玩耍，他们喜欢轻松、娱乐的教育方式，如果父母的教育既是快乐的，又是启发自己的，那他们是乐于接受的。当然，他们最讨厌的就是枯燥的说教，这只会令他们心生反感。因此，作为家长，需要以幽默的语言教育孩子，以娱乐教学为主，这样不管是对于营造家庭氛围，还是对于孩子都是最好的方式。

在一列炎夏的火车上，车厢中的乘客闷热难当，一阵阵汗臭味弥漫在车厢之中，任谁也没有勇气去打开车窗，窗外是更要命的煤烟。

时间已过正午，当时餐车尚未发明，只能等待火车靠站时，向站台上的小贩购买午餐。紧闭的车厢中，闷热加上饥饿，汗水和焦躁呈现在每个人的脸上，抱怨声此起彼伏，车厢中除燥热不安外，又变得嘈杂纷乱。

突然，传来一声小女孩的尖叫："妈，弟弟咬我——"众人的神经越发绷紧，准备接受连珠炮似的母亲的责骂。

瞬间沉静之后，只听到温柔的声音响起："哦，从你手臂上的齿痕来看，弟弟是真的饿慌了。再忍耐一下，等火车靠站，妈妈买东西给你们吃，好吗？"车厢内霎时变得清凉了许多；乘客焦虑的脸上，也多了一丝甜甜的笑容。

父母与孩子之间的关系是属于"双连"关系，一旦父母的话过于严肃，话不投机，就会把关系搞僵。如果父母采用幽默的方式教育孩子，就是一种有趣、至情至理的艺术方式，双方都比较容易接受。因为幽默不仅好笑，而且带着启迪的爱意，这样就会与孩子之间产生强烈的共鸣，从而达到教育的目的。

有一个常年在外打工的人，很长时间没有和家里人联系了。

一天半夜，他被刺耳的电话铃声吵醒，他很不耐烦地拿起话筒，原来是母亲打来的电话，告诉他今天是他的生日。这位被打搅了美梦的小伙子有些生气地说："你深更半夜打电话就是为了告诉我这件事吗？"电话那端，母亲温和地对儿子说："孩子，30年前的这个时候，也是你把我折腾醒的。"

在这个案例中，母亲用幽默的方式，善意地表达了对子女的关心，同时那几句诙谐的话也让小伙子意识到了自己的错误，这种独特的幽默教育方式所产生的效果是很显著的。这比起父母直接的责骂或严肃的说教效果要好很多，通常来说，孩子都有一种逆反的心理，他们更希望听到父母幽默的语言，而不是严厉的斥责。父母越是严厉，孩子越是反叛；反之，父母若是采用幽默的语言，孩子更容易接受。

小男孩吵着要爸爸给他买玩具喷火枪，爸爸没有生硬地责备孩子，而是温和地说："不行啊，这个月你的军费开支已经超过预算了，再买喷火枪，你妈妈就要成喷火枪了。"

有一天，小男孩忽然问爸爸："爸爸，在你还是小孩的时候，你爸爸打过你吗？"爸爸回答说："当然，他打过我。"小男孩又问："那么，当他是小孩子的时候，他爸爸也打过他吗？"爸爸回答说："当然，他爸爸打过他。"小男孩想了一会儿然后对爸爸说："爸爸，假如你愿意和我合作的话，我们可以终止这种恶性循环的暴力行为。"

在案例中，父母传递给孩子的幽默感在两代人之间建立了一种平等关系。父母在孩子面前说诙谐的话，可以让他们感受到自己的人格被尊重，有利于培养孩子的信心，可以让孩子觉得父母不是居高临下地向他们发号施令，而是把他们当朋友。无形之中增强了孩子们的平等意识，民主意识。而且，通过幽默的方式来教育孩子，比别的方法更容易被孩子接受。

第15章　保鲜甜蜜爱情：柔情蜜意不妨用幽默来激发

幽默是一个人最珍贵的品质之一，即便在爱情世界里也是一样的。在爱情城堡里，幽默就是一种力量，是爱情生活的调味品，是男女感情的黏合剂。可以说，幽默对于爱情的甜蜜是必不可少的，因为不论怎么样，幽默带来的笑容总是有魅力的。

初次接触妙用幽默

恋爱的男女初次接触时都难免紧张，这样的紧张虽然充满了暧昧和甜蜜，但是如果不马上缓解就会影响双方进一步的感情交流。所以初次接触时可以巧妙地运用幽默来打破这种尴尬的局面，另外，幽默还能给双方提供共同的话题，给对方留下良好的印象，从而为进一步的接触打下良好的基础。

小夏每次回想起和小京初次约会的情景都忍俊不禁。小夏是在小京的公司招聘面试的时候和他认识的，虽然小夏没有成为那家公司的员工，但是却和小京成了朋友。你来我往间，情愫渐生。小夏毕业后恰巧去了小京所在的城市，见面成了自然而然的事情。第一次正式约会那天非常热，小夏的方位感很差，直到大学毕业，仍然只知道左右而不了解东南西北，通着电话，却找不到对方。在相约见面的地方迂回了一小时后，终于胜利会师。但是此时小夏已经晕头转向、气急攻心并且有严重的中暑倾向，见到小京以后，不管是不是第一次约会，也顾不得矜持了，她对小京说：“我快休克了，英雄能不能先借我肩膀用一下。”小京先是愣了一下，然后扶着小夏走进一家快餐店避暑。从此以后，王子和公主开始了幸福的生活。过了很长时间，小京纳闷地问为什么第一次见面就借肩膀。小夏说：“当你距离我150米的时候，我就想晕倒了，那时看的武侠小说比较多，所以顺口就说出来了，幸亏你没有被我吓跑。”

当时如果小夏继续矜持，很可能就晕倒在地了，更别提约会了。小夏顺势的幽默不仅为自己摆脱了中暑的危险，还赢得了爱情。

女孩子在头一次与男方见面时都会矜持，那种双眸含秋十指带香的样子，保持一种很有张力的距离感，是令男孩子最头痛可又紧追不舍的一种美妙状态。不爱你的人，看不出你刻意留下的距离。爱你的人，自会为这段暧昧有致又触不可及的距离兴奋不已。女孩子不要担心，男孩子喜欢这种富有挑战性的征服。

据“天空新闻网”报道，英国心理学教授理查德·怀斯曼对一场大规模的“爱情速配”活动进行了调查。结果显示，想在相亲会上成功约到心仪的对象就要以幽默或稀奇的问题作为开场白，而个人外表是否有吸引力显得并不重要。

怀斯曼说：“那些会用幽默或稀奇的问题开始谈话的人都

能成功约到心仪的对象，他们可能并不是当场最有魅力的人，但当你回答他们的提问时你很难不面带笑容。”

调查发现，在这种大规模的相亲会上，男人只有半分钟的时间给女人留下印象，因为45%的女人都是在30秒之内决定是否和这个男人约会。而女人有更多的时间给男人留下印象，因为男人通常会花费一分半钟的时间来判断有没有兴趣和这个女人约会。

所以无论是男还是女，只要发现了心仪的对象就不要犹豫，用幽默来给对方一个难忘的印象。初次接触，妙用幽默，让你心仪的对象对你同样倾心。

幽默激发爱的温柔

在爱情中运用幽默，能使你所爱的人感受到你的柔情。在爱情中，幽默的言谈往往能激发爱的温柔，使对方深深地被这种温柔影响，被你的爱意打动。尤其在对方很不自信或者自认为缺点很多的时候，用幽默对其进行鼓舞，你的包容能瞬间打动对方，激发爱的温柔。

在法国，有一个小伙子爱上了一位姑娘。一天，他来到姑娘家，两人在火炉边烤火。他说道：“你的火炉跟我妈妈的火炉一模一样。”“是吗？”姑娘漫不经心地应道。她还以为这是小伙子随便说的一句话。“你觉得在我家的炉子上也能烘出同样的碎肉馅饼吗？”他幽默地问。姑娘愣了一下，随即悟出了问话的含义。她欢悦地答道：“我可以去试试呀！”

法国人的浪漫的确世界闻名，一个普通的火炉，一种碎肉馅饼都被这个法国青年作为求爱的工具，这在中国或许能出现，但是概率是微乎其微的。所以我们可以多学习一下这种幽默的方式，虽然有的方式似乎有些异想天开，但是幽默风趣、含蓄委婉，能够激发爱的温柔，这样会使对方感觉与如此浪漫机智的你在一起，幸福可想而知。

阳阳和陆伟的感情一直很好，陆伟的性格可以说世上难找，虽然阳阳经常对他发脾气，但他一直耐心对待，从未翻过脸。阳阳在和陆伟结婚之前一共收过三次花，第一次是两人一块出去玩，陆伟被卖花的男孩追得没处躲，被迫买了一朵，那时他们还没开始正式谈恋爱，之后阳阳就稀里糊涂变成了他的女朋友。第二次是恋爱一周年纪念日，陆伟专程买了花送给阳阳。第三次是陆伟向阳阳求婚。两人很久之前就说好恋爱满7年的6月1日去领证，所以阳阳也没有要陆伟求婚的打算，总觉得很自然地就要嫁给他了。不过有时候阳阳会说：“你都没求过婚我不嫁你了。”其实陆伟一直想给阳阳一个正式的求婚。一天两个人约好一起去吃饭，陆伟说好来接阳阳，但是他居然迟到了，阳阳正要打电话的时候，发现陆伟拿着一束花和一盒蛋糕走过来。陆伟把花和那盒包装精美的蛋糕递给了阳阳，并让阳阳打开。阳阳拆到一半，从里面掉出一枚钻戒。阳阳惊叫：“亲爱的，我太幸运了，我中奖了，蛋糕商家不小心掉了一枚钻戒在里面，哈哈。”陆伟一看阳阳跟他开玩笑就去抢钻戒：“钻戒是我丢的，还我！”“啊？不是的，钻戒是在蛋糕里面的，怎么会是你的？”“我给你的蛋糕，当然是我的！”“你的钻戒怎么会在送我的蛋糕里？还是女士的？”陆伟趁阳阳不注意抢过了戒指，紧张地自言自语：“还要跪的吧。”说完就单膝跪地举着戒指问：“阳阳，嫁给我吧。”阳阳被感动了，答应了陆伟的求婚，没多久他们就走进了婚姻的殿堂。

阳阳和陆伟的爱情是甜蜜的，让人羡慕的，这其中的秘密就在于二人的幽默细胞。他们从来不死板地与对方相处，而是总把对方当成开玩笑的对象，似乎把他们的爱情当成了“儿戏”。其实不然，两人间这种“不正经”从一个侧面反映了他们懂得用幽默来保鲜爱情，让爱情时刻处于激情四射的状态。他们之间的幽默，让两人在哈哈大笑之后，感受到了股股温情，幽默无形中激发了爱的柔美，使得二人充分感受着爱情的甜蜜。

谈到求爱，需要较高的实践和应用能力，并且不要忘记用幽默的方式来表达，它可以让彼此在很放松的情况下敞开心扉，而且可以体现最自然的真情流露，往往事半功倍。很多朋友爱着对方，可不知道用什么方式来求爱。处在热恋中的情人，只要用心，可随时利用幽默来给爱情加温。这时来点幽默，更能创造出轻松愉快、富有情趣的爱情生活。只要你挑动了幽默这根弦，即可与你的恋人奏出一曲和谐的恋曲。

幽默令对方心动

在现实生活中，其实，不管是单身的朋友还是热恋中的男女，都应该重视幽默在恋爱中的作用，并恰当地在谈情说爱中运用幽默。例如，一位交友甚广的女人要结婚了，她从身边众多男子中选择了一个再平常不过的男人作为交换戒指的对象。听到这个消息之后，她身边的几个朋友都惊讶不已，因为这个男人既不是很帅，也不是最有钱。为什么会是他呢？女人的嘴角上扬，说："简单，因为他最能让我笑。"一个幽默的男人当然会把快乐带给身边的人，原来幽默也是打动另一半的法宝之一。

在爱情中，语言的表达本来就没有定式，直接表达或委婉表达都各有价值。不过，一向含蓄的中国人还是多以委婉表达为主，一方面这种表达会使语言本身有弹性，不至于因对方拒绝了而丢失面子；另一方面符合爱情中羞怯的心理。当然，正因此，幽默作为一种委婉的表达，人们才会在一笑中领悟言语背后的爱。

一位青年是这样向他在银行储蓄所当出纳员的女友求爱的：

小姐，我一直在储蓄这么一个想法，期望能得到利息。

如果星期天有空，你能把自己存在电影院里我旁边的那个座位上吗？我把你可能已另有约会的猜测记在账上了。如果真是这样，我将取出我的要求，把它排在星期天。不论贴现率如何，有你的陪伴都是十分愉快的。我想你不会认为这是诽谤吧，以后来同你核对。

真诚的顾客

在这个案例中，在一种特殊的语言环境里，青年所说的“储蓄”“存在”“记在”“取出”“贴现率”“核对”“顾客”都具有双重的意思，而且可以说一语双关，从字里行间跃然而出的诙谐风趣和真诚打动了女孩子，难怪这位青年的女朋友抵挡不了这种幽默的“求婚”。

一般而言，那些很受女人欢迎的男士，不论其长相如何，似乎他们都具有逗人笑的本领，一旦女孩子跟这样的男人接触，就会感受到一种快乐，愿意与他们做朋友。相反，一个整天板着脸、不苟言笑的人，是绝对不会受女孩子欢迎的。许多男人善于用幽默来弥补自己其他方面的匮乏，于是，他那满身的魅力便永远停驻在女人对他们的幽默的回味之中。或许，在爱情中，有人为了长相、学历等条件而心动，但这样的心动只是暂时的，唯有幽默这种优秀的品质，才会令对方每时每刻都心动不已，因为幽默具有传染快乐的本领。

以幽默化解爱人之间的“冰山”

在爱情里，幽默有许多益处，它可以消除男女之间的困窘之境，产生令人意想不到的交际效果。同时，还可以增进感情、调节恋爱气氛、制造亲切感，而且，在漫漫恋爱过程中，还可以消除双方的疲劳感和紧张感，使彼此之间的感情更加持久和温馨。有时候，若两人之间出现了一些小矛盾或冲突，幽默也可以起到很好的作用。在恋爱过程中，两人之间发生矛盾冲突，大多因为一些鸡毛蒜皮的事情，不过，假如双方都坚持自己是正确的，那就有可能引起认知上的偏差，还会导致矛盾冲突不断升级。

两人之间出现矛盾，若不及时地清除，彼此之间就会形成冰山，双方之间的心理距离也会越来越远。其实，真正能融化冰山的也只有像幽默一般的热情，每个人都有强烈的自尊心，谁也不愿意认输，而幽默可以恰到好处地给双方一个台阶下，适时幽默两句，借以幽默的言语告诉对方“我还在意你，我愿意妥协投降”，当另一方感受到这样的心意之后，一段感情就和谐了。

阿华的妻子经常口不择言，尖酸刻薄，气势汹汹，动不动就让阿华“滚”。要是换作别的男人，肯定会跟她大吵起来不可。

不过，阿华每次都不生气，总是平静地对妻子说：“你每次吵架都叫我滚，好在我没滚，假如你叫我滚我就滚，现在肯定滚到精神病医院去了。”妻子追问：“为什么叫你滚你就滚到精神病医院了？”阿华慢条斯理地说：“第一次我可能滚到骨伤科医院，第二次可能滚到心脏病医院，第三次肯定要滚到精神病医院。因为每次从楼上往楼下滚，我肯定会有一个地方受伤。”

妻子大笑：“滚到医院还不如滚到你爸妈那里，滚到医院谁来照顾你啊？”阿华说：“在医院我可以享受年轻护士的细心照顾，等到了精神病医院，我还可以爬出围墙来找你。”阿华的妻子一听，慌了起来：“你得了精神病，还回来找我干什么？”阿华不慌不忙地说：“回来听你再叫我滚啊，我要趁着现在还年轻多滚几次，不然老了以后，你叫我滚我也滚不动了。”听到这样的话，妻子再也没办法生气了。

当爱情这艘船遭遇了冰山，其结果是难以想象的，轻则轮船晃动不安，重则船毁人亡。假如我们在爱情的路途中可以避开冰山当然是最好的，但是，每个人都有自己的脾气和个性，即便感情再好的两个人也会有吵架的时候，正所谓爱一个人没那么简单。所以，如何消除恋爱旅程中的冰山才是最重要的。

其实，在爱情的世界里，当两个人之间出现矛盾时，幽默语言所表达的是一种委婉的妥协，既不会损伤自己的面子，还可以与爱人进行友好的和解，何乐而不为呢？恋人之间，像嘲笑一样的关怀幽默，总是可以快速地弥补双方之间的个性差异与感情裂痕，拉近双方的心理距离。